AF305360

TABLEAUX GÉNÉALOGIQUES

DE LA

FAMILLE SCHWARTZ

DE MULHOUSE

1450–1924

AVEC UNE PLANCHE D'ARMOIRIES EN NOIR ET UN TABLEAU GÉNÉALOGIQUE D'ENSEMBLE

PAR

ERNEST MEININGER

ARCHIVISTE DE LA VILLE DE MULHOUSE

MULHOUSE
IMPRIMERIE ERNEST MEININGER

1924

TABLEAUX GÉNÉALOGIQUES

DE LA

FAMILLE SCHWARTZ

TABLEAUX GÉNÉALOGIQUES

DE LA

FAMILLE SCHWARTZ

DE MULHOUSE

1450-1924

AVEC UNE PLANCHE D'ARMOIRIES EN NOIR ET UN TABLEAU GÉNÉALOGIQUE D'ENSEMBLE

PAR

ERNEST MEININGER

ARCHIVISTE DE LA VILLE DE MULHOUSE

MULHOUSE

IMPRIMERIE ERNEST MEININGER

—

1924

NOTICE HISTORIQUE

FAMILLE SCHWARTZ

I.

SES ORIGINES

La vieille lignée bourgeoise des *Schwartz* de Mulhouse, venue de Bâle en 1598, est originaire de Wuenheim, près de Soultz (Haut-Rhin), où *Urbain Schwartz*, vigneron et aubergiste, naquit vers le milieu du XVe siècle. Affilié à la tribu des « Weinleuten » ou marchands de vin de Bâle en 1481, puis à celle des Jardiniers en 1482, il est mentionné, dès 1500, comme propriétaire de la maison dite « Zur Gablen » (à la Fourchette), située au marché aux blés, actuellement le N° 1 de la rue des Tanneurs.

Son fils, *Urbain II* (N° 2), né à Bâle vers 1480, est reçu à la tribu des « Weinleuten » en décembre 1502, et à celle des Jardiniers en 1505. Aubergiste à l'enseigne « Zur Mägd » (à la Jeune fille), puis à la Maison Rouge, acquise en 1515, il devint sexvir des « Weinleuten » en 1505, conseiller en juin 1522 et zunftmestre en 1529, de la même tribu, et comme tel membre du Petit et du Grand-Conseil de 1505 à 1536. On trouvera, à son tableau, des détails sur ses autres fonctions. Décédé fin 1536, il laissa deux fils :

1) *Urbain III* (N° 3), aubergiste de la Maison Rouge, puis du Drapeau Rouge, qui fut également membre du Petit et du Grand Conseil et dont la descendance s'éteignit avec son fils *Nicolas* (N° 5), lequel n'eut qu'une fille.

2) *Jean I* (N° 4), aubergiste de la Maison Rouge, qui occupa une série de fonctions importantes et fut aussi membre du Petit et du Grand Conseil. Il eut, de quatre unions, quatorze enfants, dont quatre fils, soit :

a) *Jean II* (N° 6), qui n'eut que deux filles ;

b) *François* (N° 7), prévôt, qui ne laissa pas de descendance masculine ;

c) *Jean-Bernard* (N° 8), qui fut l'auteur de la lignée mulhousienne, et

d) *Marx* (N° 9), juge et membre du Grand-Conseil, qui continua la souche bâloise, laquelle s'éteignit en 1727, avec *Jean-Nicolas* (N° 30), pasteur de la cour de Wurtemberg, à Stuttgart.

II.

LIGNÉE MULHOUSIENNE

Jean-Bernard Schwartz (N° 8), troisième fils de Jean (N° 4), contracta une première union en 1584 et quitta Bâle, vers la fin de l'année suivante, pour s'établir à Giromagny. De retour dans sa vie natale en juillet 1589 et devenu veuf, il contracta une seconde union à Mulhouse, la même année, avec Madeleine Manesser, née à Mulhouse et veuve de Jean-Conrad Bäris, originaire de Schaffhouse. Après avoir vainement sollicité différents postes administratifs à Bâle, il vint s'établir à Mulhouse au commencement de l'année 1598, où il devint hôtelier de l'Ange, sur la place de l'Hôtel-de-Ville. Reçu bourgeois-manant le 15 juin de la même année, il obtint la bourgeoisie privilégiée le 4 décembre 1605. Admis à la tribu des Boulangers, il en fut nommé sexvir le 19 décembre 1622. Il mourut le 4 septembre 1624, en laissant trois fils, qui continuèrent la lignée mulhousienne :

1) *Jean-Paul* (N° 10), issu du premier mariage, dont la descendance est encore représentée par les deux fils de défunt M. *Louis Schwartz* (N° 75), · par M. le docteur *Léonard Schwartz* (N° 76), de Bâle, et par M. *Jules Schwartz* (N° 74), de Remiremont.

2) *Jean-Jacques* (N° 11), conseiller, fils de la seconde femme, dont la postérité s'est éteinte au dernier siècle et dont un rameau, transplanté à Brumath (Bas-Rhin) par *Jean* (N° 28), s'y est éteint avec lui.

3) *Jean* (N° 12), qui ne laissa qu'une fille.

Le petit-fils de *Jean-Paul* (N° 10), soit *Paul Schwartz* (N° 26), fut bourgmestre de notre ville de 1732 à 1737. Ses armoiries figurent sur le tableau de ces fonctionnaires, conservé dans la grande salle du conseil de l'hôtel de ville. Son fils, *Paul* (N° 33), fut nommé conseiller en 1753 et serait certainement aussi devenu bourgmestre si la fatalité ne l'avait frappé de cécité incurable en 1760.

Jean-Bernard Schwartz, ci-dessus, vivait à une époque dont Michel de Montaigne, dans son Journal du voyage en Italie par la Suisse et l'Allemagne, nous donne un intéressant aperçu. Le récit de son passage à Mulhouse vaut d'être reproduit, car il peint fidèlement la simplicité des mœurs d'alors :

« Nous vinsmes disner à Melhouse, deux lieues ; une belle petite ville de Souisse, quanton de Bale. M. de Montaigne y alla voir l'église ; car ils n'y sont pas Catholiques. Il la trouva, comme en tout le pays, en bonne forme ; car il n'y a quasi rien de changé, sauf les autels et images, qui en sont à dire sans difformité. Il print un plaisir infini à voir la liberté et bonne police de cette nation, et son hoste du Reisin revenir du conseil de la dite ville, et d'un palais magnifique et tout doré, où il avait présidé, pour servir ses hostes à table ; et un homme sans suite et sans authorité, qui leur servoit à boire, avoit mené quatre enseignes de gens de pied contre le service du Roy, sous le Casemir en France, et estre pansonnere du Roy à trois cent escus par an, il y a plus de vint ans. Lequel seigneur lui récita à table, sans ambition et affectation, sa condition et sa vie ; lui dit, entre autres choses, qu'ils ne font nulle difficulté pour leur religion de servir le Roy contre les Huguenots mesmes; ce que plusieurs autres nous redirent en notre chemin, et qu'à notre siège de la Fere il y en avoit plus de cinquante de leur ville; qu'ils épousent indifféremment les fames de notre religion au prestre, et ne les contreignent de changer. De là après disné nous suivimes un païs beau, plein, très-fertile, garny de plusieurs beaus villages et hostelcries, et nous rendismes à coucher à Basle, trois lieues. »

III.

SON ROLE DANS L'INDUSTRIE MULHOUSIENNE

Après l'introduction de l'industrie des toiles peintes à Mulhouse, en 1747, l'on voit de bonne heure des membres de la famille *Schwartz* prendre une part active à ce nouveau mouvement économique, qui devait transformer radicalement les destinées de la petite république et faire de Mulhouse la grande cité industrielle actuelle. Ce fut la descendance de *Jean-Paul* (N° 10) qui fournit, à elle seule, tout le contingent des *Schwartz* industriels dont il sera question ci-après.

A. — Dès 1762 fut créée la fabrique de tissus imprimés Eck, Schwartz & Cie, dont les associés furent: Jean Eck, Jean Hofer, tanneur, *Jean-Michel Schwartz* (N° 45) et J.-J. Kielmann. En 1787, nous trouvons dans la même raison sociale *Jean-Michel Schwartz fils* (N° 53). En 1801, date de l'installation à Cernay, la maison prend le nom de Schwartz, Hofer & Cie, où, parmi les associés, outre *Jean-Michel Schwartz père et fils*, figure *Jean-Henri Schwartz* (N° 55), le plus jeune fils du N° 45. Quatre fils sur cinq de ce Jean-Henri furent également des industriels éminents.

Cette même maison devint en 1806 l'établissement Schwartz, Risler & Cie, où ne figure plus que ledit *Jean-Henri Schwartz* (N° 55), qui se retira en 1810. A cette date, la raison sociale devint Gaspard Dollfus, Huguenin & Cie; en 1836, Eck, Dollfus & Huguenin et, en 1841, Daniel Eck & Cie. Ce n'est qu'à cette dernière date que se trouve de nouveau, parmi les associés, un membre de la famille Schwartz, soit *Jean-Bernard* (N° 58), qui meurt en 1846. En 1850, *Edouard Schwartz-Schlumberger père* (N° 61) entre dans la maison et y reste jusqu'en 1856.

La fabrique Daniel Eck & Cie ayant cessé en 1865, les immeubles furent achetés par *Bernard, Edouard* et *Alfred Schwartz*, fils de *Jean-Bernard* (N° 58) ci-dessus, qui y établirent un retordage de coton sous la raison sociale Schwartz frères. Après le décès du dernier des trois frères, en 1877, une partie des fabriques fut acquise par Fr.-Ad. Dollfus et, deux ans après, tout l'immeuble passa entre les mains de Charles Rogelet, de Buhl, qui en fit une succursale de Buhl.

B. — En 1768, création de la maison Huguenin, Reber & Cie. Parmi les associés figure *Jean-Georges Schwartz* (N° 40).

C. — En 1787, *Paul Schwartz* (N° 50) ouvre une fabrique d'indiennes, qui subsiste encore en 1795.

D. — Fondation, en 1809, de la maison SCHWARTZ, LISCHY & Cie, toiles peintes, Grand'Rue, et blanchisserie au Schlittweg. Associés : *Jérôme Schwartz* (N° 51), J.-J. Lischy-Schwartz, gendre de Jean-Bernard (N° 44), et Ulric Landsmann-Vetter.

En 1814, *Jean-Bernard Schwartz* (N° 58) entre comme associé dans l'établissement.

E. — *Edouard Schwartz-Schlumberger père* (N° 61) figure parmi les associés de la maison SCHLUMBERGER, KOECHLIN & Cie, impression et filature, qui, en 1844, s'appelle SCHLUMBERGER FILS & Cie. La nouvelle raison sociale ayant pris à sa charge la fabrique HUGUENIN, SCHWARTZ & CONILLEAU, de la Mer Rouge (voir *H*), *Edouard Schwartz fils* (N° 70) devint associé de la maison SCHLUMBERGER FILS & Cie et le resta jusqu'à son décès, en 1892.

Parmi les collaborateurs de S. F. C. figurait *Henry Schwartz père* (N° 64), qui devint, en 1846, chef de la filature de laine SCHWARTZ, TRAPP & Cie (voir *F*).

F. — L'établissement RISLER, SCHWARTZ & Cie, filature de laine peignée, créé en 1840, eut pour associés Jérémie Risler et *Henri Schwartz* (N° 64). Celui-ci devint, de 1846 à 1870, associé à Edouard Trapp, le principal chef de la même maison, qui prit alors le nom de SCHWARTZ, TRAPP & Cie. C'est aujourd'hui la fabrique GLUCK & Cie.

G. — En 1843, *Léonard Schwartz* (N° 63) crée une fabrique de garanceux, sous son nom, associé à Gatti et Edouard Thierry-Mieg, que ce dernier continue seul en 1852.

H. — L'établissement SCHWARTZ, HUGUENIN & Cie, à la Mer Rouge, fondé en 1844, eut pour gérants : *Gustave Schwartz* (N° 65), Louis Huguenin-Schwartz (N° 61 § 2) et s'appela, en 1850, SCHWARTZ & HUGUENIN ; en 1861, HUGUENIN, SCHWARTZ & CONILLEAU, dont *Gustave Schwartz* ne fait plus partie, et, en 1863, HUGUENIN, SCHWARTZ, CONILLEAU & Cie. Parmi les associés de cette dernière raison sociale figure *Edouard Schwartz* (N° 70), qui, après la reprise de l'établissement par SCHLUMBERGER FILS & Cie (voir *E*) devint leur associé.

I. — GASPARD SCHLUMBERGER & Cie, fondé en 1847, a compté parmi ses associés : Gaspard Schlumberger, *Gustave Schwartz* (N° 65) et Louis Huguenin (N° 61 § 2).

J. — La filature de laine peignée REBER, SCHWARTZ & Cie fut créée, en 1871, par Frédéric-Jacques Reber et *Henry Schwartz fils* (N° 72). Celui-ci devint, en 1877, le seul chef de la maison, qui prit alors la raison sociale : SCHWARTZ & Cie, et s'associa, en 1888, Ernest Spoerlein. Cet établissement porte aujourd'hui le nom de FILATURES DE LAINE PEIGNÉE, CI-DEVANT SCHWARTZ & Cie, SOCIÉTÉ ANONYME.

K. — La Filature de Coton ALEXANDRE et SCHWARTZ FRÈRES fût créée à Remiremont en 1871 par Messieurs ALEXANDRE ANTUSZEWICZ, ADOLPHE SCHWARTZ et JULES SCHWARTZ.

Les associés qui se succédèrent de 1880 à 1914 furent Messieurs LÉON ANTUSZEWICZ, ALFRED ANTUSZEWICZ et GUSTAVE SCHWARTZ.

Cet établissement a été transformé le 1er Juillet 1914 en Société Anonyme par Actions sous la dénomination des Filatures de la Madelaine à Remiremont.

IV.

HOMONYMES MULHOUSIENS

On trouve, dans les vieux documents des Archives, une famille *Schwartz* qui, peu nombreuse, s'est éteinte à Mulhouse avant la fin du xvi⁰ siècle. En voici un aperçu:

Jean Schwartz, aubergiste du Paon, cité en 1564, 1571, marié à Barbe Dietsch, laquelle, en 1573, épouse en secondes noces Balthasar Moran, boulanger, de Beringen am Untersee.

Albrecht Schwartz, potier de terre, marié à Ursule Kieffer, cité en 1566, eut deux fils : *Ulric,* potier de terre, cité en 1571; *Albrecht,* armurier, qui émigra, en 1581, à Heilbronn, où il vit encore en 1586.

Claude Schwartz, frère de Jean ci-dessus, mentionné comme tel au second mariage de sa belle-sœur, en 1573, où il figure comme témoin.

François Schwartz, époux de Catherine Zinck, fait baptiser deux enfants : *Nicolas,* en 1579, et *Anne,* en 1580.

Au siècle suivant, un *Georges Schwartz,* de Schwäbisch-Hall, eut, en 1643, un fils de même nom de sa femme Esther Lutz, de Ribeauvillé; mais ce couple disparaît ensuite.

Une nouvelle souche de *Schwartz* s'installa, onze ans après, d'une façon plus durable à Mulhouse, en la personne de *Sébastien Schwartz,* boulanger, originaire de Dürrenscheit (Franconie). Son arrière-petit-fils, *Jean Schwartz,* devint directeur de la fabrique d'indiennes de Ribeauvillé, où il épousa, en 1768, une Mulhousienne, Suzanne Steffan, sa cousine, dont il eut trois fils qui, à notre connaissance, n'ont pas fait souche à Ribeauvillé. Nous donnons ci-après la généalogie de cette famille.

En 1768, un *Jean-Rodolphe Schwartz,* d'Altstetten (canton de Zurich), † en 1776, épousa Anne-Madeleine Stumm, de Mulhouse, qui lui donna trois enfants, dont un fils de même nom, qui mourut très jeune.

Dès le début et au cours du xix⁰ siècle, de nouveaux homonymes, d'origines diverses, viennent se fixer à Mulhouse. Leur nombre est assez élevé de nos jours, ainsi qu'en fait foi le livre d'adresses de la ville. Il est sans intérêt pour ce travail d'en donner la nomenclature.

GÉNÉALOGIE DES SCHWARTZ, DE LA 2ᵉ SOUCHE

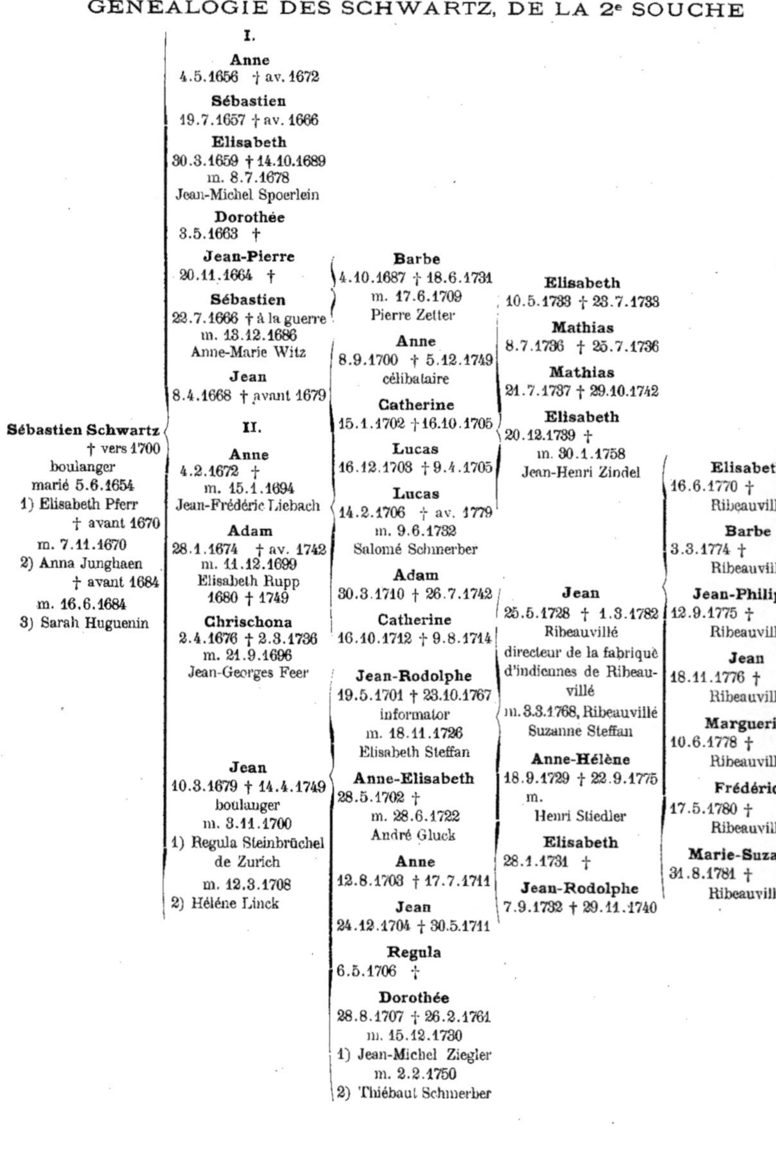

Sébastien Schwartz
† vers 1700
boulanger
marié 5.6.1654
1) Elisabeth Pferr
† avant 1670
m. 7.11.1670
2) Anna Junghaen
† avant 1684
m. 16.6.1684
3) Sarah Huguenin

I.

Anne
4.5.1656 † av. 1672

Sébastien
19.7.1657 † av. 1666

Elisabeth
30.3.1659 † 14.10.1689
m. 8.7.1678
Jean-Michel Spoerlein

Dorothée
3.5.1663 †

Jean-Pierre
20.11.1664 †

Sébastien
22.7.1666 † à la guerre
m. 13.12.1686
Anne-Marie Witz

Jean
8.4.1668 † avant 1679

II.

Anne
4.2.1672 †
m. 15.1.1694
Jean-Frédéric Liebach

Adam
28.1.1674 † av. 1742
m. 11.12.1699
Elisabeth Rupp
1680 † 1749

Chrischona
2.4.1676 † 2.3.1736
m. 21.9.1696
Jean-Georges Feer

Jean
10.3.1679 † 14.4.1749
boulanger
m. 3.11.1700
1) Regula Steinbrüchel
de Zurich
m. 12.3.1708
2) Héléne Linck

Barbe
4.10.1687 † 18.6.1731
m. 17.6.1709
Pierre Zetter

Anne
8.9.1700 † 5.12.1749
célibataire

Catherine
15.1.1702 † 16.10.1705

Lucas
16.12.1703 † 9.4.1705

Lucas
14.2.1706 † av. 1779
m. 9.6.1732
Salomé Schmerber

Adam
30.3.1710 † 26.7.1742

Catherine
16.10.1712 † 9.8.1714

Jean-Rodolphe
19.5.1701 † 23.10.1767
informator
m. 18.11.1726
Elisabeth Steffan

Anne-Elisabeth
28.5.1702 †
m. 28.6.1722
André Gluck

Anne
12.8.1703 † 17.7.1711

Jean
24.12.1704 † 30.5.1711

Regula
6.5.1706 †

Dorothée
28.8.1707 † 26.2.1761
m. 15.12.1730
1) Jean-Michel Ziegler
m. 2.2.1750
2) Thiébaut Schmerber

Elisabeth
10.5.1733 † 23.7.1733

Mathias
8.7.1736 † 25.7.1736

Mathias
21.7.1737 † 29.10.1742

Elisabeth
20.12.1739 †
m. 30.1.1758
Jean-Henri Zindel

Jean
25.5.1728 † 1.3.1782
Ribeauvillé
directeur de la fabriquè
d'indiennes de Ribeau-
villé
m. 3.3.1768, Ribeauvillé
Suzanne Steffan

Anne-Hélène
18.9.1729 † 22.9.1775
m.
Henri Stiedler

Elisabeth
28.1.1731 †

Jean-Rodolphe
7.9.1732 † 29.11.1740

Elisabeth
16.6.1770 †
Ribeauvillé

Barbe
3.3.1774 †
Ribeauvillé

Jean-Philipp
12.9.1775 †
Ribeauvillé

Jean
18.11.1776 †
Ribeauvillé

Marguerite
10.6.1778 †
Ribeauvillé

Frédéric
17.5.1780 †
Ribeauvillé

Marie-Suzan
31.8.1781 †
Ribeauvillé

Armoiries de la Famille Schwartz

Bâle-Mulhouse

V.

LES ARMOIRIES DE LA FAMILLE

Le blason de la souche-mère des Schwartz, de Bâle, dont est issue la lignée mulhousienne, est conforme à celui de cette dernière, mais diffère comme couleur du champ, des meubles, etc. Notre planche reproduit les trois variantes bâloises; on trouvera ci-après la légende explicative.

A titre de curiosité, nous reproduisons en outre six blasons d'autres lignées bâloises du nom de Schwartz, étrangères à la souche-mère qui fait l'objet du présent ouvrage. Ces six blasons sont caractérisés par une ressemblance certainement voulue, notamment pour trois d'entre eux qui présentent même en addition le V surmonté de la croisette des armoiries Schwartz de Mulhouse.

Il existe encore trois autres blasons Schwartz, de Bâle, absolument différents des précédents, que nous pouvons négliger ici.

LÉGENDE EXPLICATIVE DE NOTRE PLANCHE

A. — Souche-mère.

1. *Porte de gueules à un V d'or, surmonté en chef d'une croisette d'argent.* Cimier : *un buste de More habillé aux meubles de l'écu.* Lambrequins: *d'or et de gueules.*

Sources : a) Armorial de la tribu des « Weinleute », pour Urbain N° 2, Jean N° 4, Marx N° 9 ;

b) Armorial de la tribu « zur Hären », pour François N° 7 ;

c) Registre dit « Wachtprotokoll », pour François N° 22.

2. *Porte d'or à un V de sable surmonté d'une croisette d'argent, à une bordure de sable.* Cimier : *un buste d'homme barbu de carnation habillé aux armes de l'écu.* Lambrequins : *de sable et d'or.*

Source : L'armorial de Bâle de 1841.

3. Comme le N° 2, mais en plus *trois coupeaux de sinople en pointe.* Cimier : *un buste de jeune homme de carnation, habillé aux armes de l'écu.* Lambrequins : *de sable et d'or.*

Source : Armorial de la tribu des Jardiniers, pour Conrad Schwartz, sexvir de la tribu, 1556. Nous n'avons pu classer ce personnage, qui est sans doute un fils d'Urbain N° 2; il ne paraît pas avoir laissé de postérité.

B. — Schwartz bâlois de provenances diverses.

4. Porte d'or à un sautoir, fermé dans le bas, de sable, surmonté en chef d'une croisette d'argent, le triangle vidé du bas chargé d'un V de sable surmonté d'une croisette d'argent. Cimier : un buste de jeune homme de carnation, habillé d'or, d'un V de sable et d'une croisette d'argent. Lambrequins : de sable et d'or.

Ici, l'addition du V et de la croisette est curieuse, car la souche-mère y ayant droit existait encore.

Source : Armorial de la tribu du Safran, pour Léonard Schwartz, sexvir de cette tribu, † 1615.

5. Porte d'or à un triangle vidé, renfermant en pointe un V renversé d'or surmonté d'une étoile à six rais, le tout de sable, reposant sur trois coupeaux de sinople, et une bordure de sable. Cimier : une étoile à six rais de sable entre deux proboscides coupées de sable et d'or. Lambrequins : de sable et d'or.

Sources : a) Armorial des Maréchaux, pour André Schwartz, † 1639, sexvir de cette tribu;

       b) Armorial de la tribu du Ciel (zum Himmel), pour Jean Schwartz, sexvir de la tribu, 1616;

       c) Armorial de la tribu du Safran, pour Léonard Schwartz, † 1615, sexvir de la tribu, le même qui avait le blason 4.

6. Le même blason que 5, mais *aux couleurs interverties et sans bordure.* Pas de cimier, ni de lambrequins.

7. Porte d'or à un sautoir fermé par le bas renfermant en pointe un V renversé, le tout de sable, et surmonté en chef d'une étoile à six rais d'argent. Cimier : une étoile à six rais d'argent. Lambrequins : de sable et d'or.

Source : Armorial de la tribu des Cordonniers, pour Samuel Schwartz, † 1705, sexvir de la tribu.

8. Porte d'or à deux crochets de sable passés en sautoir, surmontés en chef d'un V de sable et d'une croisette d'argent et accompagnés en pointe d'un crochet de sable posé en fasce, sur lequel repose un V de même surmonté d'une croisette d'argent. Pas de cimier, ni de lambrequins.

Ici, il y a double addition des meubles du blason original.

Source : Armorial de la tribu de l'Etoile d'or, pour Jean Schwartz, sexvir, 1665.

9. Porte d'or à deux bâtons, terminés dans le bas à crochets, passés en sautoir, surmontés en chef d'une croisette d'argent et soutenus en pointe par un crochet de sable posé en fasce, que surmonte un V de même et une croisette d'argent. Pas de cimier, ni de lambrequins.

Source : Armorial de la tribu de l'Etoile d'or, pour Isaac Schwartz, sexvir de la tribu, 1683, fils aîné de Jean du 8.

C. — Lignée mulhousienne.

Pour une raison que nous ignorons, la branche de Mulhouse a changé la couleur du champ et l'émail de la croisette du blason original bâlois. En place du More du cimier, elle a adopté un buste de carnation. De fait, les armoiries mulhousiennes sont devenues plus *parlantes* par le champ de sable (noir), qui signifie en allemand *schwarz*. Le V d'or est, en réalité, l'équivalent, la vieille forme de la lettre U, initiale d'Urbain, prénom de l'auteur de la famille, et est par conséquent aussi *parlant* pour toutes les générations successives.

Le champ de gueules (rouge) des armes bâloises peut s'expliquer par l'allusion voulue aux auberges de la Maison Rouge et du Drapeau Rouge détenues par les N°s 2, 3 et 4, mais le More du cimier est alors particulièrement *parlant*, au point de vue du nom de famille. La branche mulhousienne n'a pas adopté ce buste de More, mais son buste de carnation est habillé de sable (noir) comme le champ de l'écu. La croisette d'or, au lieu d'argent, est-elle voulue? Nous n'en savons rien; mais il eut été, à notre avis, préférable de maintenir l'émail d'argent primitif.

Les armoiries des SCHWARTZ de Mulhouse se blasonnent comme suit : *De sable à un V d'or surmonté d'une croisette pattée de même. Cimier: sur un bourlet d'or et de sable, un buste de jeune homme de carnation habillé aux meubles de l'écu, au col d'argent, et tortillé d'or et de sable. Lambrequins: d'or et de sable.*

Sources: Tableau des bourgmestres à l'hôtel de ville, le *Bürgerbuch* de 1850 et le *Livre d'or* de 1883.

D. — Sceaux divers.

A. Sceau d'URBAIN N° 3, du 4 mars 1564. *Archives de Bâle*, N° 3204.

B. Sceau de JEAN N° 4, prévôt, du 20 mai 1566, comme caution d'une vente pour son beau-frère J.-J. Engel. *Archives de Bâle*, N° 3219.

C. Sceau de PAUL N° 26, de 1724, alors zunftmestre, plus tard bourgmestre. *Archives de Mulhouse*. On constate la présence de trois étoiles à huit rais, qui font défaut au blason de l'hôtel de ville, et cela certes avec raison.

RÉPERTOIRES

I. TABLE

DES TITULAIRES DE TABLEAUX

89	Alfred	Antuszewicz — Favre	101	Jacques	Risler — Fuss Amoré
103	Pierre	Chambaud — Reber	38	Adam	Schwartz — Muller
78	Edouard	Dollfus — Schwartz	77	Adolphe	Schwartz — Schlumberger
95	Roger	Dollfus — Jaquet	62	Albert	Schwartz — Pfaff
91	Angilbert de Douville - Maillefeu - Schwartz		96	Alfred	Schwartz — Wacker
99	Michel	Dufet — Mezzara	69	Charles	Schwartz — Hofer
100	Edmond	Durand-Dassier-Koechlin	59	Charles	Schwartz — Koechlin
94	Arthur	Favre — Dollfus	67	Daniel	Schwartz — Dilger
90	Camille	Favre — Mieg	48	Daniel	Schwartz — Zundel
74	Gustave	Favre — Schwartz	61	Edouard	Schwartz — Schlumberger
85	René	Favre — Schwartz	70	Edouard	Schwartz — Schlumberger
105	G.-Paul-Philippe, comte Gérard du Vivier — Reber		7	François	Schwartz — Hechtmeyer
			13	François	Schwartz — Hindermann
71	Louis	Huguenin — Schwartz	7	François	Schwartz — Morhüser
107	Daniel	Juillard — Antuszewicz	7	François	Schwartz — Roth
72	Alfred	Koechlin — Schwartz	60	Gustave	Schwartz — Bach
76	Carlos	Koechlin — Schwartz	65	Gust.-Ad.	Schwartz — Grosheintz
93	Gustave	Koechlin — d'Andiran	64	Henri	Schwartz — Koechlin
83	Jean-Léonard	Koechlin — Schwartz — Villard	75	Henry	Schwartz — Chambaud
82	Raymond	Koechlin — Bouwens van der Boyen	12	Jean	Schwartz — Eber
			4	Jean	Schwartz — Harnasch
98	Narcisse	Lavenant — Mezzara	47	Jean	Schwartz — Kantz
108	Louis	Loew — Lanoue	28	Jean	Schwartz — Krieger
92	Paul	Loew — Koechlin	6	Jean	Schwartz — Malik
84	Alfred	Lutz — Schwartz	4	Jean	Schwartz — Oberried
97	Alexandre	Mezzara — Le Guénédal	19	Jean	Schwartz — Tripponet
81	Charles	Mezzara — Koechlin	4	Jean	Schwartz — Wildeisen
106	Jules	Pinot — Antuszewicz	4	Jean	Schwartz — Zäch
88	Marc	Reber — Favre	34	Jean-Bernard	Schwartz — Abt
87	Edmond	Risler — Favre	8	Jean-Bernard	Schwartz — de Bodenstein
102	Gustave	Risler — Ziegler	52	Jean-Bernard	Schwartz — Dollfus

58	Jean-Bernard	Schwartz — Eck	63	Léonard	Schwartz — Thierry-Mieg
31	Jean-Bernard	Schwartz — Graf	68	Laurent	Schwartz — Dollfus
15	Jean-Bernard	Schwartz — Kuchenmeister	57	Laurent	Schwartz — Ermendinger
8	Jean-Bernard	Schwartz — Manesser	68	Laurent	Schwartz — Guth
44	Jean-Bernard	Schwartz — Meyer	68	Laurent	Schwartz — Laederich
49	Jean-Bernard	Schwartz — White	57	Laurent	Schwartz — Sollenberger
25	Jean-Bernard	Schwartz — Ziegler	57	Laurent	Schwartz — Spaar
18	Jean-Bernard	Schwartz — Zurcher	86	Léonard	Schwartz — de Perrot
22	Jean-François	Schwartz — Muller	80	Louis	Schwartz — Lambling
22	Jean-François	Schwartz — Ritt	21	Marx	Schwartz — Haberstroh
42	Jean-Georges	Schwartz — Brustlein	9	Marx	Schwartz — Herr
40	Jean-Georges	Schwartz — Doerner	23	Marx	Schwartz — Maurer
42	Jean-Georges	Schwartz — Maeder	5	Nicolas	Schwartz — N..N......
42	Jean-Georges	Schwartz — Zetter	24	Nicolas	Schwartz — Frey
20	Jean-Henri	Schwartz — Edelmeyer	14	Nicolas	Schwartz — Weitnauer
55	Jean-Henri	Schwartz — Risler	73	Oscar	Schwartz — Koechlin
29	Jean-Henri	Schwartz — Weissbeck	26	Paul	Schwartz — Heinrich-Petr
37	Jean-Henri	Schwartz — Zetter	33	Paul	Schwartz — Kielmann
32	Jean-Jacques	Schwartz — Engelmann	41	Paul	Schwartz — Risler
17	Jean-Jacques	Schwartz — Feer	43	Paul	Schwartz — Schœning
35	Jean-Jacques	Schwartz — Hartmann	50	Paul	Schwartz — Weber
54	Jean-Jacques	Schwartz — Karner	56	Pierre	Schwartz — Brustlein
35	Jean-Jacques	Schwartz — Mantz	66	Pierre	Schwartz — Heilmann
11	Jean-Jacques	Schwartz — Stadler	56	Pierre	Schwartz — Hirn
11	Jean-Jacques	Schwartz — Zoller	46	Pierre	Schwartz — Hirschfeld
45	Jean-Michel	Schwartz — Blech	36	Pierre	Schwartz — Hofer
53	Jean-Michel	Schwartz — Koechlin	56	Pierre	Schwartz — Lindenmeyer
45	Jean-Michel	Schwartz — Spoerlein	27	Pierre	Schwartz — Sengelin
30	Jean-Nicolas	Schwartz — Wolleb	39	Reinhart	Schwartz — Wetter
16	Jean-Paul	Schwartz — Lackey	1	Urbain	Schwartz — N..N......
10	Jean-Paul	Schwartz — Lind	2	Urbain	Schwartz — Jager
10	Jean-Paul	Schwartz — Nuefer	3	Urbain	Schwartz — Züricher
51	Jérôme	Schwartz — Landsmann	109	Henri	Thurneysen — Favre
51	Jérôme	Schwartz — Reber	104	Gust.-Paul	Weiss — Reber
79	Jules	Schwartz — Schlumberger			

II. TABLE
DES ÉPOUSES DES TITULAIRES DE TABLEAUX

34	Anne-Barbe	Abt (Schwartz)	21	Catherine	Haberstroh (Schwartz)
93	Henriette	d'Andiran (Koechlin)	4	Ursule	Harnasch (Schwartz)
107	Marguerite	Antuszewicz (Juillard)	35	Sybille	Hartmann (Schwartz)
106	Marie-Jeanne	Antuszewicz (Pinot)	7	Ursule	Hechtmeyer (Schwartz)
60	Anne	Bach (Schwartz)	66	Marguerite	Heilmann (Schwartz)
45	Anne-Marie	Blech (Schwartz)	26	Elisabeth	Heinrich-Petri (Schwartz)
8	Salomé de	Bodenstein (Schwartz)	9	Madeleine	Herr (Schwartz)
82	Hélène Bouwens	van der Boyen (Koechlin)	13	Marie	Hindermann (Schwartz)
56	Elisabeth	Brustlein (Schwartz)	56	Anne-Barbe	Hirn (Schwartz)
42	Salomé	Brustlein (Schwartz)	46	Elisabeth	Hirschfeld (Schwartz)
75	Louise-Emilie	Chambaud (Schwartz)	36	Cléophée	Hofer (Schwartz)
67	Marie-Anne	Dilger (Schwartz)	69	Thérèse	Hofer (Schwartz)
40	Anne-Marguerite	Dilger (Schwartz)	2	Agathe	Jager (Schwartz)
68	Adèle	Dollfus (Schwartz)	95	Marthe	Jaquet (Dollfus)
52	Henriette	Dollfus (Schwartz)	47	Régine	Kantz (Schwartz)
94	Laure	Dollfus (Favre)	54	Sophie	Karner (Schwartz)
12	Marguerite	Eber (Schwartz)	33	Elisabeth	Kielmann (Schwartz)
58	Elisabeth	Eck (Schwartz)	64	Aimée	Koechlin (Schwartz)
20	Anne	Edelmeyer (Schwartz)	100	Antoinette	Koechlin (Durand-Dassier)
32	Julie	Engelmann (Schwartz)	53	Elisabeth	Koechlin (Schwartz)
57	Elisabeth	Ermendinger (Schwartz)	73	Eugénie	Koechlin (Schwartz)
87	Alice	Favre (Risler)	81	Florence	Koechlin (Mezzara)
88	Catherine	Favre (Reber)	59	Henriette	Koechlin (Schwartz)
109	Hélène	Favre (Thurneysen)	92	Suzanne-Laure	Koechlin (Loew)
89	Jeanne	Favre (Antuszewicz)	28	Eve-Marie	Krieger (Schwartz)
17	Marguerite	Feer (Schwartz)	15	Anne-Marie	Kuchenmeister (Schwartz)
24	Rébecca	Frey (Schwartz)	16	Elisabeth	Lackey (Schwartz)
101	Gisèle	Fuss Amoré (Risler)	68	Julie	Laederich (Schwartz)
31	Marguerite	Graf (Schwartz)	80	Lucy	Lambling (Schwartz)
65	Laure	Grosheintz (Schwartz)	51	Judith	Landsmann (Schwartz)
68	Caroline	Guth (Schwartz)	108	Marie-Madeleine	Lanoue (Loew)

97	Anne	Le Guénédal (Mezzara)	72	Emma	Schwartz (Koechlin)
10	Marie-Salomé	Lind (Schwartz)	74	Fanny	Schwartz (Favre)
56	Anne-Marguerite	Lindenmeyer (Schwartz)	78	Laure	Schwartz (Dollfus)
42	Elisabeth	Maeder (Schwartz)	84	Jeanne	Schwartz (Lutz)
6	Hedwige	Malik (Schwartz)	85	Madeleine	Schwartz (Favre)
8	Madeleine	Manesser (Schwarz)	76	Marie	Schwartz (Koechlin)
35	Judith	Mantz (Schwartz)	91	Simone	Schwartz (de Douville-Maillefe
23	Marie	Maurer (Schwartz)	27	Marguerite	Sengelin (Schwartz)
44	Barbe	Meyer (Schwartz)	57	Elisabeth	Sollenberger (Schwartz)
98	Inès	Mezzara (Lavenant)	57	Anne-Barbe	Spaar (Schwartz)
99	Marthe	Mezzara (Dufet)	45	Anne-Catherine	Spoerlein (Schwartz)
90	Laure	Mieg (Favre)	11	Barbe	Stadler (Schwartz)
7	Ursule	Morhüser (Schwartz)	63	Judith	Thierry-Mieg (Schwartz
38	Marguerite	Muller (Schwartz)	19	Suzanne	Tripponet (Schwartz)
22	Salomé	Muller (Schwartz)	83	Marguerite	Villard (Koechlin)
10	Anne	Nuefer (Schwartz)	96	Suzanne	Wacker (Schwartz)
4	Marie	Oberried (Schwartz)	50	Anne-Barbe	Weber (Schwartz)
86	Irène de	Perrot (Schwartz)	29	Agnès	Weissbeck (Schwartz)
62	Wilhelmine	Pfaff (Schwartz)	14	Barbe	Weitnauer (Schwartz)
103	Alice	Reber (Chambaud)	39	Elisabeth	Wetter (Schwartz)
51	Elisabeth	Reber (Schwartz)	49	Maria Anna	White (Schwartz)
104	Nadine	Reber (Weiss)	4	Brigitte	Wildeisen (Schwartz)
105	Violette	Reber (Gérard du Vivier)	30	A.-Marguerite	Wolleb (Schwartz)
41	Anne	Risler (Schwartz)	4	Alberta	Zäch (Schwartz)
55	Rosine	Risler (Schwartz)	42	Anne-Marie	Zetter (Schwartz)
22	Ursule	Ritt (Schwartz)	37	Marguerite	Zetter (Schwartz)
7	Ursule	Roth (Schwartz)	25	Anne	Ziegler (Schwartz)
61	Eugénie	Schlumberger (Schwartz)	102	Germaine	Ziegler (Risler)
70	Eugénie	Schlumberger (Schwartz)	48	Rosine	Zindel (Schwartz)
77	Marguerite	Schlumberger (Schwartz)	11	Amélie	Zoller (Schwartz)
79	Marguerite	Schlumberger (Schwartz)	18	Marguerite	Zurcher (Schwartz)
43	Anne-Marguerite	Schoening (Schwartz)	3	Barbe	Züricher (Schwartz)
71	Elmire	Schwartz (Huguenin)			

III. TABLE

DES GENDRES NON-TITULAIRES DE TABLEAUX

42	Frédéric	Arnold	46	Sébastien	Martin
29	Jean-Jacques	A Wengen	28	Jean-Georges	Marx
53	Albrecht	Baumeyer	45	Daniel	Meyer
48	Jean-Henri	Berner	48	Jérôme	Meyer
52	Léon	Bidlingmeyer	13	Christophe	Reber
26	Nicolas	Blech	3	Eucharius	Reülin
10	Jean	Brüstlein	31	Daniel	Risler
20	Jean	Burne	48	Martin	Rott
8	Thomas	Christen	1	Jean	Rüli
47	Jean-Henri	Dietsch	26	Jean-Conrad	Schlumberger
45	Jean	Dollfus	52	Gaspard	Schlumberger
25	Jean-Henri	Dollfus	33	Jean	Schmerber
19	Jean-Jacques	Dollfus	19	Laurent	Schmerber
3	Jost	Dürst	28	Jean	Schneider
45	Jean	Eck	15	Jean	Schoen
51	Jean-Daniel	Eck	19	Jean	Schoen
25	Jean-Henri	Engelmann	31	Jean	Schoen
53	Jean-Ulric	Feer	40	Jean-Georges	Schoening
48	Daniel	Fels	66	Joseph	Schweighofer
8	André	Franck	47	Pierre	Sengelin
15	Jean-Michel	Franck	38	Nicolas	Siegfried
45	Philippe-Jacques	baron de Fries	7	Jean	Speisiger
28	Philippe-Henri	Gottsmann	33	Jean-Georges	Steffan
54	Alphonse de	Grâce, baron Sanvo, comte Osulivan	50	Jean	Steinbach
48	Jean-Michel	Grunler	12	Jean	Stoecklin
20	Jean-Henri	Guldenberger	15	Jonas-Gaspard	Stribeck
3	Christophe	Halter	19	Jacques	Stumm
36	Georges	Hartmann	15	Jacques	Stüssy
62	Henri	Hems	51	Henri	Suchard
15	Abraham	Höflin	33	Jean-Ulric	Thierry
9	Jean-Conrad	Holzinger	45	Pierre	Thierry
26	Abraham	Huguenin	1	Mathias	Uelin
26	Henri	Huguenin	4	Achille de	Vertemate
41	Jean-Michel	Huguenin	45	Mattieu	Vetter
6	Jacques	Jund	47	Jean-Jacques	Vincenz
14	Michel	Kässer	23	Jean	Wagner
53	Jean-Jacques	Landerer	19	Jean	Weber
15	Jean-Frédéric	Liebach	33	Jean	Weiss
42	Jean-Gaspard	Lischy	48	Mathias	Weiss
44	Jean-Jacques	Lischy	26	Jean-Georges	Zetter
15	Jean	Linck	45	Jean	Ziegler
41	Jean-Henri	Mansbendel	29	Jacques	Zürcher
			34	Jean-Jacques	Zürcher

TABLEAUX GÉNÉALOGIQUES

1

URBAN SCHWARTZ [1]

fils de

épouse, vers 1572

N...... N......

Enfants :

	Naissances	Décès	Mariages	Alliés
URBAN SCHWARTZ [1]	vers 1450 Wuenheim	vers 1519 Bâle		
N...... N......		avant 1549		
1. ENNELE....................		après 1519		HANS RÜTI [1]
2. APOLLONIA....................	vers 1475	12 sept. 1567		MATHIAS UELIN [2]
3. URBAN.................... (2)	vers 1480	fin 1536	vers 1505	AGATHA JAGER

[1] Membre de la tribu des « Weinleuten », à Bâle, 1481, reçu à celle des Jardiniers, 1482. En 1500—1510, propriétaire de la maison « Zur Gablen », sise au marché aux Blés (1, rue des Tanneurs). Il achète, en déc. 1502, la tribu des « Weinleuten » pour son fils Urban.

[1] Tonnelier, à Bâle. Du Conseil comme zunftmestre « Zu Spinnwettern », 1516—18, 1518—23.

[2] Ou Völin, hôtelier « Zur Judenschule ». En 1509, il achète l'hôtellerie « Zum Schnabel », plus tard l'hôtel de la Poste.

2

URBAN SCHWARTZ [1]

fils de URBAN (1)

épouse, vers 1505

AGATHA JAGER

Enfants :

	Naissances	Décès	Mariages	Alliés
URBAN SCHWARTZ [1]	vers 1480	fin 1536		
AGATHA JAGER		après 1537		
1. Urban .... (3)	1510	6 juill. 1579 Plombières	avant 1541	Barbara Züricher
			1er août 1537	I. Brigitta Wildeise
2. Hans .... (4)	1514	2 nov. 1584	avant 1545	II. Ursula Harnasch
			21 avril 1552	III. Maria Oberried
			10 juin 1567	IV. Alberta Zäch

[1] Aubergiste « Zur Mägd », puis à « La Maison Rouge ». Reçu en déc. 1502, à la tribu des Marchands de vin (*Weinleuten*), puis, en 1505, à celle des Jardiniers. Sexvir des Marchands de vin et membre du Grand-Conseil de 1505—1536.

En 1515, il acquiert la « Maison Rouge » *(Rothe Haus)* et, en juillet 1519, il vend avec ses deux sœurs la maison paternelle « Zur Gablen ».

Conseiller des Marchands de vin et membre du Petit-Conseil de juin 1522 à juin 1523 ; zunftmestre de la même tribu et du Petit-Conseil de juin 1529 à juin 1530. Il était en outre trésorier et « Oberster Stubenmeister » de sa tribu et, en 1529, banneret de la tribu. Il prit part, en 1512, à la campagne des Confédérés en Italie (à Pavie); en 1515, il fut à la bataille de Marignan et, en 1531, à la campagne contre les Cantons catholiques, après la bataille de Cappel. Partisan convaincu de la Réforme, il fut délégué, en janvier 1528 (du 6 au 25), avec Oecolampade, à la disputation de Berne. Ses opinions religieuses lui valurent, le 3 juin 1531, d'être révoqué comme conseiller.

3

URBAN SCHWARTZ [1]

fils de URBAN (2)

épouse, avant 1537

BARBARA ZÜRICHER

Ludwig Züricher [2] N.... N....

Enfants :

	Naissances	Décès	Mariages	Alliés
URBAN SCHWARTZ [1] fils de URBAN (2) épouse, avant 1537 BARBARA ZÜRICHER Ludwig Züricher [2] N.... N....	vers 1510	6 juill. 1579 Plombières après 1572		
1. Urban	1er avril 1537			
2. Maria	1539			
3. Theodor	1540			
4. Magdalena	1542			
5. Margreth	1544	15 mars 1603		I. Jost Dürst, boulanger II. Christoph Halter, conseiller
6. Sebastian	1545			
7. Catharina	1547			
8. Hans	1549			
9. Marquard [3]	1551	après 1590		
10. Niclaus (5)	1553	après 1610		N........ N.........
11. Anna	1555			
12. Barbara	1557			
13. Salome	15..	après 1599	avant 1572	Eucharius Reulin, orfèvre

[1] Marchand de vin et aubergiste à la Maison Rouge, puis au Drapeau Rouge ; membre du Petit et du Grand-Conseil à Bâle. Admis à la tribu des Marchands de vin, Stubenmeister en juin 1533, sexvir et du Grand-Conseil de juin 1537 à juin 1558.

Le 7 févr. 1541, il acquit la maison du coin, avec cour, du Drapeau Rouge, actuellement rue Franche, 43. Zunftmestre et du Petit Conseil de juin 1558 à juin 1570.

Le 4 mars 1564, il scella un document de vente de cens, en qualité d'économe du Couvent de Sainte-Claire, avec ses deux autres collègues. Conseiller de sa tribu et du Petit-Conseil de juin 1570 jusqu'à sa mort. Il était aussi trésorier de sa tribu.

[2] Membre du Petit et du Grand-Conseil, à Bâle. Conseiller et zunftmestre de la tribu des Marchands de vin ; grand-bailli de Mœnchenstein, etc.

[3] Admis, le 24 déc. 1570, à la tribu des Marchands de vin. Propriétaire, en 1590, de la maison au Drapeau Rouge. Mort célibataire ou au dehors.

	Naissances	Décès	Mariages	Alliés
4 **HANS SCHWARTZ** [1] fils de URBAN (2) épouse, 1res noces, août 1537	1514	2 nov. 1584		
BRIGITTA WILDEISEN		avant 1542		
Enfants :				
1. Hans Jacob [2]	10 avril 1539	après 1563		
épouse, 2es noces, avant 1542 URSULA HARNASCH [3] Wolfgang Harnasch - N... N...				
2. Margreth	16 avril 1542			
3. Hans .... (6)	17 juill. 1543	11 févr. 1605	1568	Hedwig Malik
4. Anna.........................	8 août 1545			
5. Wolfgang	24 août 1550			
épouse, 3es noces, 21 mars 1552 MARIA OBERRIED [4] Franz Oberried - Agnes Wissenburger		avant 1567		
6. Franz .... (7)	2 janv. 1553	16 août 1626	17 avril 1581 9 déc. 1616 31 mars 1623	I. Ursula Hechtmeye[r] II. Ursula Morhüse[r] III. Ursula Roth
7. Salome....................	23 févr. 1554	après 1567		
8. Hans Rudolf	10 juill. 1555	avant 1567		
9. Maria.....................	10 oct. 1556	avant 1567		
10. Hans Bernhard .... (8)	20 sept. 1562	4 sept. 1627 Mulhouse	17 août 1584 23 oct. 1589	I. Salome v. Bodenstei[n] II. Magdalena Manesse[r]
11. Agnes	26 nov. 1564	avant 1567		
12. Maria	8 déc. 1565	avant 1567		
ALBERTA ZÄCH [5]		14 nov. 1610		
13. Marx.................... (9)	17 juin 1568	13 oct. 1634	16 janv. 1604	Magdalena Herr
14. Dorothea	28 déc. 1570	9 sept. 1594 de la peste	5 sept. 1586	Achilles de Vertemat dit de Werthemann

[1] Marchand de vin, à la Maison-Rouge, à Bâle. Admis à la tribu des Marchands de vin, le 14 janvier 1537. De juin 1538 à 1558, il est conseiller de cette tribu au Petit-Conseil jusqu'en 1541, il en est trésorier. Juge au tribunal, parmi les conseillers, en 1547.

Membre de la Société «zur Hären» au Petit-Bâle, suivant une liste de 1554.

(Voir la suite page suivante)

	Naissances	Décès	Mariages	Alliés
5 **NICLAUS SCHWARTZ** [1] fils de URBAN (3) épouse, N. . . . . . . N.	10 déc. 1553	après 1610		
Enfants :				
1. Elsbeth		**1610** de la peste		

[1] Voiturier (Spanner), à Bâle.

(Suite du Tableau 4)

Député de la ville en 1557, 1558 et 1559, au delà des Alpes pour recevoir les comptes annuels des bailliages italiens. Landvogt à Lugano pour l'État de Bâle de 1558 à 1560.

Sexvir de la tribu des Marchands de vin et membre du Grand-Conseil de juin 1561 à juin 1581.

Prévôt du tribunal de la ville de Bâle, de 1562 à son décès.

Le 11 janvier 1567, il vend avec les tuteurs de ses enfants Franz, Bernhard et Salomé, la maison « zum Arm », sise sur l'emplacement actuel de la Place du Marché, 5. Le 8 octobre 1569, il vend la propriété de la Maison-Rouge.

Zunftmestre de sa tribu et membre du Petit-Conseil, de juin 1581 à juin 1583. De nouveau Sexvir et du Grand-Conseil de 1583 à son décès.

[1] Admis, en 1563, à la tribu du Safran.

[2] Wolfgang Harnasch, boucher, membre du Petit et du Grand-Conseil, zunftmestre de la tribu des Bouchers, à Bâle, était propriétaire du château de Bottmingen, près de Bâle.

[3] Franz Oberried, membre du Petit et du Grand-Conseil, zunftmestre de la tribu de la Clef, ensuite Conseiller de la même tribu, triumvir, zunftmestre en chef, puis bourgmestre de Bâle. Il était propriétaire de la maison zum « Arm ».

[4] Veuve de Franz Imhof. Epousa en 3es noces, le 11 février 1594, Jacob Seger.

6 **HANS SCHWARTZ** [1] fils de HANS (**4**) épouse, 1568 HEDWIG MALIK **Enfants :** 1. Ursula........................ 2. Catharina .... aveugle	Naissances	Décès	Mariages	Alliés
	17 juill. 1543	11 févr. 1605		
		1610 de la peste		
	2 juin 1569		18 déc. 1597	Jacob Jund, de Bettingen
	25 juin 1572	1610 de la peste	célibataire	

[1] Ferblantier et fabricant de fourreaux. Propriétaire de la maison «Au Laurier», en 1580. Reçu, en 1585, à la tribu du Safran.

7 **FRANZ SCHWARTZ** [1] fils de HANS (**4**) épouse, 1ᵉˢ noces, 17 avril 1581	Naissances	Décès	Mariages	Alliés
	2 janv. 1553	16 août 1626		
URSULA HECHTMEYER Hans Jacob Hechtmeyer - Küngolt Rinck Mercier	29 juill. 1562	16 nov. 1588		
Enfants :				
1. JOHANNES	10 juill. 1582	avant 1593		
2. BARBARA	30 juill. 1584	après 1609	15 août 1608	HANS SPEISIGER, tailleur, de Nunningen (C. de Soleure)
3. MARGARETHA	18 juill. 1586	avant 1593		
4. MARIA	158.	1ᵉʳ nov. 1610		
épouse, 2ᵉˢ noces, 9 déc. 1616 **URSULA MORHÜSER** Hans Morhöser - Catharina Elck Armurier	9 nov. 1570	avant 1623		
épouse, 3ᵉˢ noces, 31 mars 1623 **URSULA ROTH**				

[1] Admis, le 28 mai 1581, à la tribu du Safran.

Il vend, le 15 déc. 1593, la maison « Zum blauen Wind », rue Wienharthgasse, maintenant rue des Tanneurs, 2.

En août 1587, il sollicita les fonctions de sous-acheteur, en sept. 1587, l'économat de la « Præsenz », en avril 1590, celui des Prêcheurs ; le tout sans succès.

Le 16 août 1611, il fut reçu de la Société « Zur Hären », au Petit-Bâle ; le 25 août 1611, de la tribu des Vignerons. Le 30 avril 1614, il est nommé prévôt de l'Empire et de la Ville au tribunal de Bâle, et le resta jusqu'à sa mort. De 1615 à 1626, il est zunftmestre de la Société « Zur Hären ».

8

HANS BERNHARD SCHWARTZ [1]

fils de HANS (**4**)

épouse, 1es noces, 17 août 1584, Bâle

SALOMÉ VON BODENSTEIN

Dr Adam v. Bodenstein - Esther Weiss
dit Carlstatt

Enfants :

	Naissances	Décès	Mariages	Alliés
HANS BERNHARD SCHWARTZ [1]	20 sept. 1562 Bâle	4 sept. 1624 Mulhouse		
SALOMÉ VON BODENSTEIN	15 janv. 1551 Bâle	avant 1589 Bâle		
1. Hans Paulus .... (**10**)	entre 1586/88 Giromagny	en 1634 Mulhouse	13 juill. 1612 / vers 1624	I. Maria Salomé Lind II. Anna Nufer
2. Hans Jacob .... (**11**)	20 sept. 1590 Bâle	1673 Mulhouse	3 déc. 1621 / 20 janv. 1640	I. Amalia Zoller II. Barbara Stadler
3. Margreth	27 août 1592 Bâle	vers 1625 Mulhouse	vers 1623	Andres Franck, meunier de Kaysersberg
4. Hans Bernhardt [4]	24 juill. 1594 Bâle	après 1625		
5. Anna Maria	29 juill. 1596 Bâle			
6. Johannes .... (**12**)	24 mai 1601 Mulhouse	28 juill. 1678 Mulhouse	7 mars 1631	Margreth Eber
7. Magdalena	29 janv. 1604 Mulhouse	avant 1636 Mulhouse	1er déc. 1628	Thomas Christen
8. Marcus [5]	10 sept. 1606 Mulhouse	26 févr. 1684 Mulhouse	célibataire	
9. Engelbert [6]	12 févr. 1608 Mulhouse			
10. Salomea	6 juin 1611 Mulhouse			

épouse, 2es noces, 23 oct. 1589
MAGDALENA MANESSER [2]
Jacob Manesser — Catharina Eck [3]

[1] Le lundi, 20 déc. 1585, il s'établit à Giromagny. On lui conserva le droit de bourgeoisie à Bâle. De retour en juillet 1589, date à laquelle il sollicita l'économat des Augustins. Le mois suivant, il sollicita celui de St Martin, en septembre, celui du château de Burg, en octobre, celui de la Chartreuse ; en juin 1597, celui de Gnadenthal et de St Alban. Aucun de ces postes ne lui fut donné.

Admis à la Société « Zur Hüren », du Petit-Bâle, le 28 juillet 1590.

Au commencement de l'année 1598, il s'établit à Mulhouse et le conseil de Bâle lui conserva son droit de bourgeoisie de Bâle pour deux ans, qui lui fut renouvelée encore pour deux ans, le 13 déc. 1600.

A Mulhouse, il fut reçu bourgeois-manant (*bürgerlicher Hindersäss*) le 15 juin 1598, et bourgeois privilégié le 4 déc. 1605. Hôtelier de l'Ange, à Mulhouse. Par contrat de mariage avec Magdalena Manesser, il assura à son fils du premier lit 100 florins, à 15 batzen, pour sa part d'héritage maternel.

Sexvir de la tribu des Boulangers, le 19 déc. 1622. Il fit son testament le 2 août 1623. Ses héritiers vendirent l'hôtellerie de l'Ange, place de la Réunion, à Jean-Guillaume Bohl, sous-prévôt, pour la somme de 2.500 livres stebler.

[2] Veuve de Conrad Bäris, de Schaffhouse, dont le frère Michel Bäris était médecin à Mulhouse.

[3] Veuve de Claus Schlumberger, tanneur, et fille de Jean Eck, pharmacien.

[4] Sellier, de sa profession, est en 1625, soldat à Emmerich. On n'en eut plus de nouvelles.

[5] Atteint de cécité, il fut reçu à l'hôpital en 1626 (Décision du Conseil, du 13 sept).

[6] Également sellier de sa profession.

9 **MARX SCHWARTZ** [1] fils de HANS (**4**) épouse, 16 janv. 1604, château de Farnspurg **MAGDALENA HERR** [2] Hans Herr - Barbara Ruch	Naissances	Décès	Mariages	Alliés
MARX SCHWARTZ	17 juin 1568	13 oct. 1634		
MAGDALENA HERR	24 sept. 1581	8 juin 1635		
Enfants :				
1. MARIA	19 oct. 1604	après 1624	célibataire	
2. JOHANNES [3]	25 mai 1606	entre 1634/36		
3. MACHARIUS	24 mars 1608			
4. MARX	15 févr. 1610			
5. BARBARA	19 mai 1612	1670	22 juin 1635	JOH. CONRAD HOLZINGER, tondeur de draps, conseiller.
6. LUX	17 févr. 1614			
7. MATTHÄUS	31 août 1615			
8. BONAVENTURA	6 févr. 1617	après 1634	célibataire	
9. AGNES	25 juin 1618	après 1634		
10. FRANZ (**13**)	25 juin 1620	en 1686	17 mai 1652	MARIA HINDERMANN
11. NICLAUS (**14**)	7 avril 1622	après 1673	1642	BARBARA WEITNAUER

[1] Immatriculé à l'Université de Bâle, en 1580—81, il fut pendant un au scribe à la Chancellerie de Mulhouse, suivant certificat à lui délivré par le greffier-syndic Jean-Georges Ziehle, le 1ᵉʳ février 1592.

En août 1597, il sollicita le poste de secrétaire en chef de l'hôpital à Bâle ; en 1603, celui d'économe des Augustins, puis celui de greffier-syndic à Liestal. Le 12 août 1605, il devint économe de Sainte-Claire, fonctions qu'il détint jusqu'à sa mort.

Il fut aubergiste au Bœuf, au Petit-Bâle. Admis, le 15 avril 1604, à la tribu des Marchands de vin, et au Griffon en 1605. Sexvir des Vignerons et du Grand-Conseil de 1607—1634 ; trésorier de la tribu des Marchands de vin en 1611 ; zunftmestre du Griffon de 1617—1634. Juge au tribunal du Petit-Bâle, en 1630.

[2] Hans Herr, grand-bailli du château de Farnsburg, puis zunftmestre en chef à Bâle.

[3] Immatriculé à l'Université de Bâle.

10

	Naissances	Décès	Mariages	Alliés
HANS PAULUS SCHWARTZ [1] fils de HANS BERNHARD (8) épouse, 1ᵉˢ noces, 13 juill. 1612	entre 1586/88 Giromagny	en 1634 Mulhouse		
MARIA SALOMEA LIND Johannes Lind - Catharina v. Schwartzach Pasteur	29 sept. 1591	avant 1624		
Enfants :				
1. SALOME	31 juill. 1613			
2. CATHARINA	15 oct. 1615			
3. HANS BERNHARD	4 sept. 1617	avant 1628		
4. MARIA	26 nov. 1620			
épouse, 2ᵉˢ noces, vers 1624				
ANNA NUEFER [2] Hans Nuefer - Apollonia Weber	2 sept. 1599	avant 1676		
5. ANNA	31 août 1625	avant 1630		
6. HANS BERNHARD (15)	14 mai 1628	avant 1675	1651	A. MARIA KUCHENMEI
7. ANNA	7 juill. 1630	avant 1635		
8. HANS PAULUS (16)	16 oct. 1631	avant 1674	21 mai 1655	ELISABETH LACKEY
9. ELISABETH	24 avril 1633	avant 1679	15 avril 1667	JOHANNES BRÜSTLEI Cha

[1] Reçu, le 23 août 1612, à la tribu des Tailleurs, bourgeois le 13 déc. 1612 ; garde-clefs 1618, mesureur de grains et messager de la ville en 1626.

[2] Epouse ensuite, 15 oct. 1635, Thomas Thyss, drapier, de Dolhain, duché de Limbourg.

11 **HANS JACOB SCHWARTZ** [1] fils de HANS BERNHARD **(8)** épouse, 1es noces, 3 déc. 1621	Naissances	Décès	Mariages	Alliés
HANS JACOB SCHWARTZ [1]	20 sept. 1590 Bâle	1673 Mulhouse		
AMALIA ZOLLER Joss Zoller - Demuth Wagner	19 nov. 1595	avant 1640		
Enfants :				
1. MAGDALENA	30 oct. 1622	avant 1642		
2. HANS JACOB **(17)**	1er janv. 1624	en 1666	19 juin 1654	MARGRETH FEER
3. HANS BERNHARD **(18)**	11 janv. 1626	en 1666	14 mai 1655	MARGRETH ZÜRCHER
4. HANS HEINRICH	2 déc. 1627	avant 1643		
5. ELSBETH	15 nov. 1629	16 nov. 1687	célibataire	
6. JOHANNES **(19)**	29 juill. 1632	en 1675	27 sept. 1658	SUSANNA TRIPPONET
7. JOSS [2]	16 nov. 1636	17 févr. 1682	célibataire	
épouse, 2es noces, 20 janv. 1640				
BARBARA STADLER Heinrich Stadler - Barbara Summer		8 sept. 1680		
8. ANNA	17 janv. 1641			
9. MAGDALENA [3]	1er juin 1642	au-dehors		
10. HANS HEINRICH **(20)**	8 oct. 1643	en 1678	14 août 1665	ANNA EDELMEYER
11. BARBARA	20 sept. 1646	avant 1649		
12. REINHARDT [3]	7 mai 1648	6 déc. 1713	célibataire	
13. BARBARA	26 août 1649			
14. SALOME	26 janv. 1653	22 mars 1697	célibataire	

[1] Coutelier, à Mulhouse. Reçu bourgeois 13 déc. 1621. Sexvir en 1633, zunftmestre en 1648, conseiller en 1659.
[2] Fourbisseur d'épées, admis tribu des Maréchaux, le 7 févr. 1667.
[3] Elle prend son congé le 21 juin 1660.
[4] Coutelier, admis à la tribu des Maréchaux, le 8 févr. 1674.

<table>
<thead>
<tr><th></th><th>Naissances</th><th>Décès</th><th>Mariages</th><th>Alliés</th></tr>
</thead>
<tbody>
<tr><td>**12**

JOHANNES SCHWARTZ [1]

fils de HANS BERNHARD (**8**)

épouse, 7 mars 1631

MARGRETH EBER</td><td>24 mai 1601

Colmar</td><td>28 juill. 1678

avant 1678</td><td></td><td></td></tr>
<tr><td>**Enfants :**</td><td></td><td></td><td></td><td></td></tr>
<tr><td>1. MARGRETH ....</td><td>en 1623</td><td>20 déc. 1685</td><td>20 avril 1646</td><td>JOHANNES STOECKLIN, poêlier.</td></tr>
</tbody>
</table>

[1] Maroquinier, à Mulhouse, admis à la tribu des Bouchers, 27 mars 1631. Garde-clefs à la porte du Miroir en 1634. Fait son testament le 16 janvier 1673, en faveur de ses trois frères : Jean-Jacques, Marx et Jean-Bernard.

	Naissances	Décès	Mariages	Alliés
13 **FRANZ SCHWARTZ**[1] fils de MARX (9) épouse, 17 mai 1652	25 juin 1620	en 1686		
MARIA HINDERMANN Zacharias Hindermann - Maria Büchel Teinturier	7 mars 1626	après 1701		
Enfants :				
1. MARX ....(21)	12 avril 1653	après 1675	vers 1675	CATHARINA HABERSTROH
2. MARIA MAGDALENA	28 août 1655	après 1692	23 juin 1684	CHRISTOPH REBER [1]
3. HANS FRANZ ....(22)	5 oct. 1658	1712	7 sept. 1688 13 juill. 1711	I. URSULA RITT II. SALOMEA MÜLLER
4. MARIA	17 juill. 1664			
5. JOHANNES[2]	166.			

[1] Fabricant de boutons, à Bâle. Il achète, en 1656, la maison au Bœuf Noir, au Münsterberg.

[2] Epicier, à Bâle. Admis en 1701 à la tribu du Safran ; à cette date, son père est mort, sa mère vivante.

[1] S. M. Candidatus et Mag. Philosophus, précepteur à Riehen de 1689—1694.

14 **NICLAUS SCHWARTZ**[1] fils de MARX (9) épouse, 1642 BARBARA WEITNAUER Hans Friedrich Weitnauer, Notaire - Barbara von Kilch	Naissances	Décès	Mariages	Alliés
	7 avril 1622	après 1673		
	2 mars 1615	19 déc. 1673		
Enfants :				
1. Hans Niclaus	5 mars 1643	avant 1647		
2. Marx (23)	février 1644	26 sept. 1706	31 août 1668	Maria Maurer
3. Hans Friedrich	3 août 1645			
4. Niclaus (24)	4 mai 1647	après 1682	1674	Rebecca Frey
5. Johannes	7 oct. 1648			
6. Maria Magdalena	21 mars 1650	après 1707	24 janv. 1676	Michael Kässer [1]
7. Barbara	27 sept. 1653			
8. Maria	165.	2 juill. 1717	célibataire	

[1] Sellier de harnais, au Petit-Bâle, puis messager de la ville (vers 1668) et messager du Conseil. Admis à la tribu « zum Himmel » en 1640, à la Société du Griffon, du Petit-Bâle, en 1641.

[1] Soldat à la porte de Riehen. Il aussi reçu de la Société du Griffon, du Petit-Bâle.

15

HANS BERNHARD SCHWARTZ [1]

fils de HANS PAULUS (**10**)

épouse, 1651, Zurich (?)

ANNA MARIA KUCHENMEISTER

	Naissances	Décès	Mariages	Alliés
HANS BERNHARD SCHWARTZ [1]	14 mai 1628	avant 1675		
ANNA MARIA KUCHENMEISTER		avant 1679		
Enfants :				
1. ANNA	21 avril 1652		{ 3 oct. 1670 15 janv. 1694	I. JONAS CASP. STRIBECK II. JOH. FRIEDR. LIEBACH
2. HANS BERNHARD (**25**)	14 janv. 1655	10 sept. 1727		
3. ANNA MARIA	7 sept. 1656	14 nov. 1701		
4. MARGRETH	17 oct. 1658	31 mars 1699	célibataire	
5. ANNA BARBEL	26 août 1660	14 nov. 1691	1er juill. 1678 18 juin 1683	I. HANS MICHAEL FRANCK II. JOHANNES SCHOEN
6. ANNA SABINA	15 mars 1663		31 oct. 1681	ABRAHAM HÖFLIN
7. MARIA SALOME	16 avril 1665	10 mai 1734	16 mars 1685	JACOB STÜSSI, cordonnier, de Glaris
8. ELSBETH	23 juin 1667	avant 1674		
9. PAULUS (**26**)	27 mars 1670	29 nov. 1737	23 févr. 1691	ELSBETH HEINRIC-PETRI
10. ELSBETH	16 août 1674			

[1] Tisseur de laine, à Mulhouse. Admis, en 1651, à la tribu des Tailleurs. Garde-clefs à la porte-Jeune, en 1661.

16 **HANS PAULUS SCHWARTZ** [1] fils de HANS PAULUS (**10**) épouse, 21 mai 1655 **ELISABETH LACKEY** [2] Christen Lackey - Margreth Mänlin	Naissances	Décès	Mariages	Alliés
	16 oct. 1631	avant 1674		
	29 mars 1635	31 déc. 1707		

Sans enfants.

[1] Tisseur de laine, à Mulhouse. Admis, en 1655, à la tribu des Tailleurs.

[2] Épouse ensuite, le 26 oct. 1674, Johannes Weissbeck.

	Naissances	Décès	Mariages	Alliés
17 **HANS JACOB SCHWARTZ** [1] fils de HANS JACOB (11) épouse, 19 juin 1654	1er janv. 1624	en 1666		
MARGRETH FEER [2] Hans Jacob Feer - Agnes Ziegler	19 oct. 1634	avant 1678		
Enfants :				
1. MARGARETHA	15 juill. 1655	avant 1663		
2. HANS JACOB...................	28 janv. 1657	après 1670		
3. JOHANNES......................	21 avril 1658	après 1670		
4. AMALIA.......................	4 mars 1660	avant 1670		
5. AGNES........................	17 août 1662	avant 1670		
6. MARGARETHA	1er nov. 1663	31 mars 1699		

[1] Dit le jeune. Admis, en 1654, à la tribu des Maréchaux. Garde-clefs à la Porte de Bâle en 1656.

[2] Elle s'arrange, le 26 janv. 1670, avec ses trois enfants : Jean-Jacques, Jean et Marguerite pour l'héritage de leur père et épouse, 7 févr. 1670, Jean-Henri Keller. Les 2 fils ont dû mourir avant 1679.

	Naissances	Décès	Mariages	Alliés
18 **HANS BERNHARD SCHWARTZ** [1] fils de HANS JACOB (**11**) épouse, 14 mai 1655, Illzach MARGRETH ZÜRCHER Hans Bernhard Z. - Elisabeth Rüthimann **Sans enfants.**	11 janv. 1626 7 janv. 1610 Illzach	en 1666 avant 1679 Mulhouse		

[1] Coutelier, à Mulhouse. Admis, le 1er juill. 1655, à la tribu des Maréchaux.

19 **JOHANNES SCHWARTZ** [1] fils de HANS JACOB (**11**) épouse, 27 sept. 1658 **SUSANNA TRIPPONET** [2] Peter Tripponet - Esther Wybert nég' à Strasbourg	Naissances	Décès	Mariages	Alliés
	29 juill. 1632	en 1675		
	18 nov. 1634 Bâle	18 nov. 1706		
Enfants :				
1. PETER ....(**27**)	21 août 1659	2 mai 1737	29 avril 1689	MARGRETH SENGELIN
2. ESTHER	6 janv. 1661	avant 1667		
3. ANNA ELISABETH.................	22 janv. 1662	avant 1677		
4. HANS JACOB	29 juin 1663	avant 1677		
5. APOLLONIA......................	9 juill. 1665	avant 1677		
6. ESTHER	11 août 1667	26 avril 1738	2 mai 1701 30 juin 1721	I. JACOB STUMM, l'aîné II. LORENZ SCHMERBER
7. SUSANNA	10 oct. 1669	24 mars 1739	15 nov. 1694 Illzach	JOHANNES WEBER
8. MAGDALENA	22 oct. 1671	7 avril 1739	29 avril 1718 2 févr. 1730	I. JOH. JACOB DOLLFUS II. JOHANNES SCHOEN
9. JOHANNES..................(**28**)	29 nov. 1674	1er nov. 1744 Brumath	9 juin 1699	EVA MARIA KRIEGER

[1] Armurier, à Mulhouse. Admis, le 15 août 1658, à la tribu des Maréchaux.

[2] Elle s'arrange, le 7 oct. 1677, avec ses 5 enfants encore en vie pour leur héritage paternel, et épouse ensuite, le 28 janv. 1678, Gilg Benner, tonnelier.

20 **HANS HEINRICH SCHWARTZ** [1] fils de HANS JACOB (11) épouse, 14 août 1665 **ANNA EDELMEYER** Adam Edelmeyer - Maria Steinbach	Naissances	Décès	Mariages	Alliés
	8 oct. 1643	en 1678		
	3 mai 1646	23 sept. 1715		
Enfants :				
1. Hans Jacob	8 juill. 1666	avant 1670		
2. Hans Heinrich ....(29)	6 oct. 1667	15 janv. 1723	11 déc. 1693	Agnes Weissbeck
3. Elisabeth	20 juin 1669	5 août 1685		
4. Hans Jacob	11 sept. 1670	avant 1679		
5. Anna Maria	28 févr. 1675	27 janv. 1755	16 juill. 1703 27 mars 1724	i. Joh. Heinrich Guldenberge ii. Johannes Burne

[1] Armurier, à Mulhouse. Admis, le 23 oct. 1664, à la tribu des Maréchaux. Garde-clefs à la porte Jeune, en 1666.

	Naissances	Décès	Mariages	Alliés
21 **MARX SCHWARTZ** [1] fils de FRANZ (**13**) épouse, vers 1675, Aarau CATHARINA HABERSTROH	12 avril 1653	après 1675		
	Aarau			
Enfants :				
1. ANNA MARIA	16 déc. 1675			

[1] Fabricant de boutons, à Bâle. En 1675, il est à Aarau, marié. L'année auparavant, il avait renouvelé son admission à la tribu du Safran, et n'était pas marié.

	Naissances	Décès	Mariages	Alliés
22 **HANS FRANZ SCHWARTZ**[1] fils de FRANZ (**13**) épouse, 1es noces, 7 septembre 1688 URSULA RITT	5 oct. 1658	1712		
		avant 1711		
Enfants :				
1. Anna Catharina	23 sept. 1688			
épouse, 2es noces, 13 juillet 1711 SALOMEA MÜLLER				
Sans enfants.				

[1] Stubenknecht à la tribu des Vignerons, à Bâle, et Wachtmestre du quartier de St Alban, en 1705. Propriétaire de la maison du Bœuf Noir, puis de la maison « Zum Plattfuss », au Münsterberg. Renouvela la tribu du Safran, en 1683.

23 **MARX SCHWARTZ**[1] fils de NICLAUS (**14**) épouse, 31 août 1668 MARIA MAURER Jacob Maurer - Magdalena Frölin Chaudronnier	Naissances	Décès	Mariages	Alliés
MARX SCHWARTZ	févr. 1644	26 sept. 1706		
MARIA MAURER	12 déc. 1637	4 juin 1705		
Enfants :				
1. Maria Barbara.................	15 juin 1673	22 nov. 1742	26 mars 1694 St-Margrethen près Bâle	Johannes Wagner, Tailleur
2. Marx........................	5 juin 1677			

[1] Sellier, puis marchand de vin, à l'enseigne « Zur Spinnwieden »,
à Bâle. Reçu en 1668 à la tribu « Zum Himmel » et aux Vignerons en
1685.

	Naissances	Décès	Mariages	Alliés
24 **NICLAUS SCHWARTZ** [1] fils de NICLAUS (**14**) épouse, 1674 REBECCA FREY Jacob Frey - Barbara Schärer	4 mai 1647 20 juin 1652	après 1682		
Enfants :				
1. ESTHER......................	24 août 1675			
2. HANS NICLAUS..............(**30**)	12 nov. 1682	24 févr. 1727 Ludwigsburg	13 mai 1726	A. MARGARETHA WOLLEB

[1] Messager de la ville, à Bâle, en 1682.

25

HANS BERNHARD SCHWARTZ [1]

fils de HANS BERNHARD (15)

épouse, 20 septembre 1675

ANNA ZIEGLER

Michael Ziegler - Barbara Feucht
Zunftmestre

Enfants :

	Naissances	Décès	Mariages	Alliés
HANS BERNHARD SCHWARTZ	14 janv. 1655	10 sept. 1727		
ANNA ZIEGLER	15 juin 1653	24 oct. 1721		
1. ANNA MARIA	6 oct. 1676	5 janv. 1735	16 déc. 1700	I. JOH. HEINRICH ENGELMANN
			4 juin 1725	II. JOH. HEINR. DOLLFUS, Bourgmestre
2. HANS BERNHARD	6 mars 1678	6 févr. 1679	-	
3. HANS BERNHARD (31)	7 déc. 1679	7 janv. 1746	23 sept. 1709	MARGARETHA GRAF
4. HANS MICHEL	26 déc. 1681			
5. ANNA CATHARINA	22 avril 1683	5 oct. 1710	célibataire	
6. HANS JACOB	10 mai 1685	31 déc. 1686		
7. HANS JACOB (32)	1er mai 1689	10 janv. 1754	15 févr. 1734	JULIANA ENGELMANN
8. HANS GEORG [2]	12 oct. 1690	27 févr. 1772	célibataire	

[1] , à Mulhouse. Admis à la tribu des Tailleurs, le 29 mars 1675, à celle des Agriculteurs, le 26 janv. 1682. Sexvir en 1713.

[2] Le 7 janv. 1722, il est à Amsterdam. De retour, il se fait recevoir, 16 févr. 1728, à la tribu des Tailleurs, et à celle des Agriculteurs le 25 févr. 1729. Triumvir en 1739, sexvir en 1742, à la tribu des Tailleurs.

26 **PAULUS SCHWARTZ** [1] fils de HANS BERNHARD (**15**) épouse, 23 février 1691 ELISABETH HEINRICH-PETRI Peter Hartmann Heinrich-Petri - Barbara Hofer	Naissances	Décès	Mariages	Alliés
	27 mars 1670	29 nov. 1737		
	28 avril 1672	5 janv. 1752		
Enfants :				
1. CLEOFA	27 avril 1692	12 déc. 1709	célibataire	
2. PAULUS . . . . (**33**)	10 juin 1694	21 août 1774	2 déc. 1715	ELISABETH KIELMANN
3. HANS BERNHARD . . . . (**34**)	12 avril 1696	10 avril 1772	11 juin 1725	BARBARA ABT
4. PETER HARTMANN	30 oct. 1697	20 mai 1705		
5. BARBARA	18 déc. 1698	19 avril 1762	15 mars 1717	HEINRICH HUGUENIN
6. ELISABETH	22 déc. 1700	15 avril 1757	5 févr. 1720 30 juill. 1731	I. HANS CONR. SCHLUM-BERGER, tonnelier II. JOH. GEORG ZETTER, fabricant de rubans
7. ANNA MARIA	15 oct. 1702	30 janv. 1766	28 sept. 1722 21 sept. 1733	I. NICLAUS BLECH II. ABRAHAM HUGUENIN
8. HANS JACOB . . . . (**35**)	6 déc. 1711	27 juill. 1744	9 juin 1732 20 nov. 1741	I. SYBILLA HARTMANN II. JUDITH MANTZ

[1] Tanneur, à Mulhouse. Admis à la tribu des Bouchers, le 7 sept. 1690, à celle des Boulangers, le 28 févr. 1709, à celle des Vignerons, en 1714. Garde-clefs à la Porte-Haute en 1700 ; sexvir en 1714 ; zunftmestre en 1717, conseiller en 1724 ; baumestre en 1730 ; bourgmestre en 1732.

27	Naissances	Décès	Mariages	Alliés
PETER SCHWARTZ [1] fils de JOHANNES (**19**) épouse, 29 avril 1689	21 août 1659	2 mai 1737		
MARGRETH SENGELIN Hans Michael Sengelin - Agnes Lackey Boulanger	6 janv. 1667	14 nov. 1745		
Enfants :				
1. PETER ....(**36**)	15 févr. 1691	26 juin 1767	15 avril 1720	CLEOPHA HOFER
2. MARGRETH	27 mars 1694	6 avril 1696		

[1] Armurier, à Mulhouse. Admis, le 9 déc. 1688, à la tribu des Maréchaux.

	Naissances	Décès	Mariages	Alliés
28 **JOHANNES SCHWARTZ** [1] fils de JOHANNES (19) épouse, 9 juin 1699, Brumath **EVA MARIA KRIEGER** Hans Georg Krieger - N. N. . . . . Instituteur à Geudertheim	29 nov. 1674 Mulhouse 9 nov. 1669	1er nov. 1744 Brumath 1er déc. 1739 Brumath		
Enfants :	Brumath			
1. JOHANNES	29/30 oct. 1701	21 oct. 1724	célibataire	
2. ANNA MARIA	26 juin 1705	mars 1760 Hanhofen	6 juin 1746 Bischwiller	HANS SCHNEIDER, Bischwiller
3. MARIA SALOME	11 mai 1709	18 juin 1766	26 juin 1731	JOH. GEORG MARX Tonnelier, à Brumath
4. EVA CATHARINA	6 déc. 1711	14 déc. 1765	26 juin 1731	PHILIPP HEINRICH GOTTSMANN

[1] Menuisier. Prend son congé le 9 janv. 1699, et s'établit à Brumath (Bas-Rhin).

29 **HANS HEINRICH SCHWARTZ** [1] fils de HANS HEINRICH (**20**) épouse, 11 décembre 1693 AGNES WEISSBECK Hans Weissbeck - Catharina Geyelin Boulanger	Naissances	Décès	Mariages	Alliés
	6 oct. 1667	15 janv. 1723		
	1er juill. 1667	14 juill. 1729		
Enfants :				
1. HANS HEINRICH ....(**37**)	5 sept. 1694	2 mai 1746	15 mai 1730	MARGRETH ZETTER
2. ANNA CATHARINA	13 sept. 1696	8 juill. 1730	célibataire	
3. JOHANNES [2]	22 janv. 1699	27 mars 1752	célibataire	
4. ANNA	6 févr. 1701	27 sept. 1790	8 févr. 1751	JACOB ZÜRCHER, boucher
5. HANS JACOB....................	16 nov. 1702			
6. ADAM ....(**38**)	26 oct. 1704	3 août 1753	24 juill. 1730	MARGRETH MÜLLER
7. REINHART ....(**39**)	14 nov. 1706	18 avril 1754	3 nov. 1732	ELISABETH WETTER
8. ELISABETH	12 janv. 1710	Bâle	25 juill. 1740	JOH. JACOB A. WENGEN, tailleur de limes, à Bâle
9. URSULA.......................	3 déc. 1713	4 août 1718		

[1] Boucher, à Mulhouse. Admis, le 18 févr. 1694, à la tribu des Bouchers et, le 28 févr. 1716, à celle des Agriculteurs.

[2] Admis à la tribu des Vignerons, en 1730, et à celle des Boulangers, le 29 févr. 1732.

	Naissances	Décès	Mariages	Alliés
30 **HANS NICLAUS SCHWARTZ** [1] fils de NICLAUS (**24**) épouse, 13 mai 1726 A. MARGARETHA WOLLEB [2] Joh. Jacob Wolleb - Dorothea Ryhiner Pasteur à Tenniken, Kilchberg, etc. **Sans enfants**.	12 nov. 1682 Bâle 10 mars 1705 Kilchberg (C. de Bâle)	24 févr. 1727 Ludwigsburg (Wurtemberg) 30 août 1772 Bâle		

[1] Immatriculé à l'Université de Bâle, le 30 sept. 1702. Prédicateur de la Cour de la princesse de Wurtemberg, à Stuttgart, 1726 ; aumônier au rég.t suisse Hackbrett, au service du duc de Savoie et du roi de Sardaigne.

[2] Epouse, en 2.es noces, 11 oct. 1728, Joh. Ludwig Oselin, nég.t, à Bâle.

31 **HANS BERNHARD SCHWARTZ** [1] fils de HANS BERNHARD (**25**) épouse, 23 septembre 1709 MARGARETHA GRAF Hans Georg Graf - Barbara Schlumberger	Naissances	Décès	Mariages	Alliés
	7 déc. 1679	7 janv. 1746		
	11 mai 1690	26 févr. 1779		
Enfants :				
1. ANNA BARBARA	6 avril 1710	22 avril 1784	30 janv. 1729	DANIEL RISLER maître des postes
2. ANNA MARGRETH	12 févr. 1713	29 déc. 1744	célibataire	
3. ANNA MARIA	14 févr. 1715	1er juill. 1718		
4. HANS BERNHARD	8 août 1717	24 déc. 1724		
5. ANNA MARIA	22 févr. 1720	27 janv. 1727		
6. HANS GEORG (**40**)	22 nov. 1722	1er messidor au VII 19 juin 1799	19 mai 1749 Colmar	A. MARGARETHA DÖRNER
7. MARTHA	22 juill. 1725	18 sept. 1784	12 mars 1742	JOHANNES SCHOEN
8. HANS BERNHARD	14 oct. 1728	21 mars 1729		
9. HANS BERNHARD	2 juill. 1730	9 juill. 1730		
10. ANNA CATHARINA	12 août 1731	16 août 1731		
11. SALOME	17 mai 1733	29 août 1736		

[1] Dit le Jeune. Admis, le 5 janv. 1710, à la tribu des Tailleurs, à celle des Agriculteurs, le 25 févr. 1720.

32

HANS JACOB SCHWARTZ [1]

fils de HANS BERNHARD (**25**)

épouse, 15 février 1734

JULIANA ENGELMANN [2]

Tobias Engelmann - Juliana Hofer

Sans enfants.

	Naissances	Décès	Mariages	Alliés
HANS JACOB SCHWARTZ	1er mai 1689	10 janv. 1754		
JULIANA ENGELMANN	7 avril 1694	5 mai 1764		

[1] Admis, le 26 avril 1727, à la tribu des Tailleurs, le 15 août 1732, à celle des Bouchers, et, le 26 févr. 1736, à celle des Boulangers.

[2] Veuve de Joh. Friedrich Hartmann.

33 **PAULUS SCHWARTZ** [1] fils de PAULUS (**26**) épouse, 2 décembre 1715 **ELISABETH KIELMANN** Hans Georg Kielmann - Salome Sisson	Naissances	Décès	Mariages	Alliés
	10 juin 1694	21 août 1774		
	4 mai 1698	30 août 1777		
Enfants :				
1. Paulus ....(**41**)	25 oct. 1716	18 janv. 1782	25 mars 1743	Anna Risler
2. Hans Georg	11 août 1718	12 août 1718		
3. Friedrich	23 août 1719	avant 1736		
4. Salome........................	15 févr. 1722	25 févr. 1722		
5. Hans Jacob [2]	18 avril 1723	10 mars 1814	célibataire	
6. Elisabeth	29 juill. 1725	12 janv. 1806	2 déc. 1743	Jean Schmerber, tanneur
7. Salome........................	20 juin 1728	16 févr. 1798	30 janv. 1758 7 déc. 1768 30 nov. 1774	i. Joh. Ulr. Thierry junior ii. Hans Georg Steffan iii. Johannes Weiss charpentier
8. Hans Georg ....(**42**)	8 avril 1731	15 janv. 1773	7 nov. 1757 1er juin 1761 3 déc. 1770	i. Elisabeth Maeder ii. Anna Maria Zetter iii. Salome Brüstlein
9. Johannes......................	29 nov. 1733	11 juin 1736		
10. Friedrich	12 févr. 1736	4 sept. 1736		

[1] Dit le jeune. Admis, le 22 déc. 1715, à la tribu des Bouchers, et, le 17 mars 1748 à celle des Agriculteurs. Sexvir en 1736 ; zunftmestre en 1745 ; conseiller en 1753. Devint aveugle 14 années avant sa mort. Il a occupé diverses fonctions honorifiques.

[2] Tanneur, à Mulhouse. Admis, le 3 nov. 1748, à la tribu des Bouchers. Quitta Mulhouse peu après, et pendant plus de trente ans, on n'eut plus de ses nouvelles, de sorte que les siens l'héritèrent sous caution. Il revint toutefois ensuite au pays.

34 **HANS BERNHARD SCHWARTZ** [1] fils de PAULUS (**26**) épouse, 11 juin 1725 ANNA BARBARA ABT Hans Georg Abt - Anna Zetter hôtelier des Trois-Rois	Naissances	Décès	Mariages	Alliés
	12 avril 1696	10 avril 1772		
	1er août 1704	19 août 1772		
Enfants :				
1. Anna Barbara	6 oct. 1726	20 déc. 1744	célibataire	
2. Paulus ....(**43**)	16 janv. 1729	8 avril 1789 Modenheim	1er oct. 1772 Illzach	A. Margreth Schoenin
3. Elisabeth	6 août 1730	18 juin 1811	23 sept. 1748	Hans Jabob Zürcher, tanneur
4. Anna.........................	3 janv. 1734			
5. Hans Bernhard............(**44**)	25 mars 1742	23 déc. 1794	21 août 1769 Illzach	Barbara Meyer

[1] Maroquinier, à Mulhouse. Admis, le 14 janv. 1720, à la tribu des Bouchers, et, le 11 janv. 1728, à celle des Agriculteurs. Au décès, il est dit : Ancien de l'Eglise.

	Naissances	Décès	Mariages	Alliés
35 **HANS JACOB SCHWARTZ**[1] fils de PAULUS **(26)** épouse, 1ᵉˢ noces, 9 juin 1732	6 déc. 1711	27 juill. 1744		
SYBILLA HARTMANN Hans Michel Hartmann - Anna Basler bourgmestre	31 janv. 1712	12 avril 1741		
Enfants :				
1. Paulus	1ᵉʳ mars 1733	30 mars 1745		
2. Hans Michael .... **(45)**	1ᵉʳ janv. 1736	1842	6 janv. 1758 24 mai 1764 Illzach	I. A. Catharina Spoerlein II. A. Catharina Blech
3. Elisabeth	4 août 1737	23 mars 1739		
épouse, 2ᵉˢ noces, 20 novembre 1741				
JUDITH MANTZ[2] Alexander Mantz - A. Cath. Goetz	4 avril 1715	21 juill. 1776		
4. Elisabeth	3 févr. 1743	2 août 1743		

[1] Tanneur, à Mulhouse. Admis, le 15 août 1732, à la tribu des Bouchers. Il lègue par testament du 13 mai 1744, sa maison de la rue des Tanneurs à sa seconde femme.

[2] Veuve de Samuel Schlumberger. Elle épousa, en 3ᵉˢ noces, le 25 avril 1746, Frédéric Zuber, chirurgien.

36 **PETER SCHWARTZ** [1] fils de PETER (**27**) épouse, 15 avril 1720 CLEOPHA HOFER Mathias Hofer - Margaretha Risler	Naissances	Décès	Mariages	Alliés
	15 févr. 1691	26 juin 1767		
	29 déc. 1695	14 mars 1763		
Enfants :				
1. Johannes	5 janv. 1721	16 févr. 1721		
2. Margaretha	31 mai 1722	12 déc. 1806	12 janv. 1756	Georg Hartmann, libraire
3. Peter ....(**46**)	6 oct. 1726	18 prairial an XI / 7 juin 1803	8 juill. 1754	Elisabeth Hirschfeld

[1] Armurier, à Mulhouse. Admis, le **9** juin 1720, à la tribu des Maréchaux.

	Naissances	Décès	Mariages	Alliés
37 **HANS HEINRICH SCHWARTZ**[1] fils de HANS HEINRICH (29) épouse, 15 mai 1730	5 sept. 1694	2 mai 1746		
MARGRETH ZETTER[2] Anthoni Zetter - A. Maria Memminger	18 févr. 1707	22 janv. 1770		
Enfants :				
1. Hans Heinrich	14 sept. 1732	22 août 1736		
2. Anna Maria	30 août 1739	5 sept. 1739		

[1] Boucher, à Mulhouse. Admis, le 24 sept. 1730, à la tribu des Bouchers.

[2] Epousa ensuite, le 13 mars 1747, Hans Jacob Dietsch, boucher.

<table>
<tr><td rowspan="2"></td><th>Naissances</th><th>Décès</th><th>Mariages</th><th>Alliés</th></tr>
</table>

	Naissances	Décès	Mariages	Alliés
38 **ADAM SCHWARTZ** [1] fils de HANS HEINRICH (**29**) épouse, 24 juillet 1730	26 oct. 1704	3 août 1753		
MARGRETH MÜLLER Jacob Müller - Crischona Stettler	6 févr. 1701	18 nov. 1774		
Enfants :				
1. HANS JACOB	23 sept. 1731	15 nov. 1748	célibataire	
2. HANS HEINRICH	17 juill. 1735	12 août 1735		
3. MARGARETHA	21 août 1737	1er déc. 1773	8 nov. 1756	NICLAUS SIEGFRIED, boulanger

[1] Boulanger, à Mulhouse. Admis à la tribu des Boulangers le 24 sept. 1730. Garde-clefs à la porte de Bâle, en 1747.

	Naissances	Décès	Mariages	Alliés
39 **REINHART SCHWARTZ** [1] fils de HANS HEINRICH **(29)** épouse, 3 novembre 1732 ELISABETH WETTER Daniel Wetter - Elisabeth Vogel	14 nov. 1706	18 avril 1754		
	9 juill. 1711	7 févr. 1757		
Enfants :				
1. JOHANNES ....**(47)**	15 mai 1735	22 oct. 1778	24 janv. 1757	REGINA KANTZ
2. HANS HEINRICH	17 juin 1736	14 mai 1737		
3. DANIEL ....**(48)**	12 avril 1739	26 déc. 1779	14 janv. 1767	ROSINA ZINDEL
4. ELISABETH	8 mai 1740	28 mars 1741		
5. ELISABETH	8 avril 1742	3 nivose an XI 24 déc. 1802	célibataire	
6. HANS HEINRICH	21 juin 1744	25 avril 1745		

[1] Cordier, à Mulhouse. Admis, le 17 nov. 1732, à la tribu des Boulangers.

	Naissances	Décès	Mariages	Alliés
40 **HANS GEORG SCHWARTZ** [1] fils de HANS BERNHARD (31) épouse, 19 mai 1749, Colmar	22 nov. 1722	1er messid. an VII 19 juin 1799		
ANNA MARGARETHA DÖRNER Joh. Andreas Dörner - Maria Ursula Carnerius	juin 1732 Colmar	5 mars 1817		
Enfants :				
1. JOHANN GEORG [2]	2 avril 1750	nov. 1772 aux Indes	célibataire	
2. ANNA MARGRETH..................	24 févr. 1752	18 sept. 1765		
3. JOH. ANDREAS	5 mars 1754	7 déc. 1758		
4. MARIA URSULA	20 mars 1757	7 sept. 1827		
5. JOH. BERNHARD..................	29 avril 1764	avant 1766		
6. JOH. BERNHARD..............(49)	19 janv. 1766		13 germinal an VI 2 avril 1798	MARIA ANNA WHITE

[1] Négociant, à Mulhouse. Admis, le 20 juill. 1749, à la tribu des Tailleurs, et, le 26 sept. 1756, à celle des Agriculteurs. Demeurait Cour de Lucelle.

[2] Officier d'artillerie, au service de la Compagnie britannique des Indes Orientales. Il signait ses lettres à ses parents : *George Black* (v. Archives).

41 **PAULUS SCHWARTZ** [1] fils de PAULUS (**33**) épouse, 25 mars 1743 ANNA RISLER Johannes Risler - Anna Huguenin Conseiller-trésorier	Naissances	Décès	Mariages	Alliés
	25 oct. 1716	18 janv. 1782		
	10 oct. 1722	12 oct. 1799		
Enfants :				
1. PAULUS	2 févr. 1744	6 févr. 1744		
2. ANNA	7 févr. 1745	9 janv. 1808	14 nov. 1763	JOH. MICHAEL HUNZIGER graveur sur bois, de Staffelbach (Suisse)
3. ELISABETH	20 avril 1747	21 sept. 1796	célibataire	
4. ROSINA	5 oct. 1749			
5. PAULUS	27 juill. 1752	26 sept. 1752		
6. SALOME	12 févr. 1758	10 fructidor an VI 27 août 1798	31 juill. 1782	HANS HEINR. MANSBENDEL

[1] Epicier, à Mulhouse. Admis, le 14 févr. 1743, à la tribu des Tailleurs, le 24 févr. 1746, à celle des Boulangers et, le 13 juin 1751, à celle des Agriculteurs.

42 **HANS GEORG SCHWARTZ** [1] fils de PAULUS (**33**) épouse, 1es noces, 7 novembre 1757 **ELISABETH MAEDER** Hans Caspar Maeder - A. Barbara Witz	Naissances	Décès	Mariages	Alliés
HANS GEORG SCHWARTZ [1] fils de PAULUS (**33**) épouse, 1es noces, 7 novembre 1757	8 avril 1731	15 janv. 1773		
ELISABETH MAEDER Hans Caspar Maeder - A. Barbara Witz	17 août 1732	18 juill. 1760		
Enfants :				
1. PAULUS	7 oct. 1758	avant 1764		
2. ELISABETH	13 mars 1760	23 juin 1760		
épouse, 2es noces, 1er juin 1761				
ANNA MARIA ZETTER [2] Hans Georg Zetter - Elisabeth Schwartz Fabricant	1742 Riedisheim ou Dornach	19 juin 1765		
3. ANNA MARIA	17 juin 1762		24 juill. 1782	HANS CASPAR LISCHY, Chaudronnier
4. ELISABETH	4 juin 1763	1er août 1764		
5. PAULUS (**50**)	24 juill. 1764	12 mars 1828	24 sept. 1787	ANNA BARBARA WEBER
épouse, 3es noces, 3 déc. 1770, Illzach				
SALOME BRÜSTLEIN [3] Hans Heinrich Brüstlein - Cordonnier Crischona Schickler	7 sept. 1749	Berlin		
6. ELISABETH	1er sept. 1771	Cernay	25 janv. 1792	FRÉDÉRIC ARNOLD, de Cernay

[1] Passementier, puis fabricant d'indiennes. Admis, le 15 janv. 1758, à la tribu des Tailleurs, et, le 21 sept. 1766 à celle des Bouchers. Triumvir de 1766—1770. Garde-clefs à la porte Haute en 1783.

[2] Appelée Marie Meyer par erreur lors de la naissance de ses deux derniers enfants.

[3] Epouse ensuite, le 27 août 1777, Frédéric Kielmann, qui † à Berlin, le 24 sept. 1787.

43	Naissances	Décès	Mariages	Alliés
PAULUS SCHWARTZ [1]	16 janv. 1729	8 avril 1784 Modenheim		
fils de HANS BERNHARD (**34**)				
épouse, 1er octobre 1772, Illzach				
ANNA MARGARETHA SCHOENING	11 avril 1734	·		
Joh. Georg Schœning - A. Marg. Meyer				
Enfants :				
1. ANNA MARGRETH................	21 avril 1774	24 juill. 1774 Modenheim		

[1] Orfèvre, à Mulhouse. Admis, le 27 sept. 1772, à la tribu des Maréchaux.

44

HANS BERNHARD SCHWARTZ [1]

fils de HANS BERNHARD (34)

épouse, 21 août 1769

BARBARA MEYER

Hieronymus Meyer - Barbara Siegfried

Enfants :

	Naissances	Décès	Mariages	Alliés
44. HANS BERNHARD SCHWARTZ [1]	25 mars 1742	23 déc. 1794		
BARBARA MEYER	26 nov. 1751	17 avril 1817		
1. Joh. Bernhard	27 sept. 1770	14 déc. 1770		
2. Hieronymus (51)	25 déc. 1771	28 déc. 1822	31 juill. 1797 / 10 pluviose an X 30 janv. 1802	i. Elisabeth Reber / ii. Judith Landsmann
3. Barbara	2 nov. 1773	16 mai 1777		
4. Maria Magdalena	19 juin 1776	8 févr. 1829	22 germinal an IX / 12 avril 1801	Jean-Jacques Lischy [1] fabricant
5. Joh. Bernhard	27 mars 1778	23 juill. 1778		
6. Anna Barbara	21 sept. 1779	17 juin 1780		
7. Anna Barbara	24 janv. 1782	22 août 1795		
8. Joh. Bernhard (52)	22 mai 1784	11 janv. 1814	17 vendém. an XIV / 10 oct. 1805	Henriette Dollfus

[1] Tanneur, à Mulhouse, rue des Tanneurs. Admis, le 23 févr. 1766, à la tribu des Bouchers. Garde-clefs à la porte Haute en 1783.

45	Naissances	Décès	Mariages	Alliés
HANS MICHAEL SCHWARTZ [1] fils de HANS JACOB (35) épouse, 1ᵉˢ noces, 16 janvier 1758	1ᵉʳ janv. 1736	1842		
ANNA CATHARINA SPOERLEIN Joh. Michael Spoerlein - Elisabeth Reber	26 août 1736	7 juill. 1763		
Enfants :				
1. Catharina Salomea............	3 avril 1759		23 août 1775	Daniel Meyer, maître de poste
2. Joh. Michael ....,.	4 mars 1760	6 mars 1760		
3. Elisabeth.....................	22 févr. 1761	26 juill. 1761		
4. Joh. Michael..............(53)	2 mai 1762	25 juill. 1811	4 févr. 1783	Elisabeth Koechlin
épouse, 2ᵉˢ noces, 24 mai 1764, à Illzach				
ANNA MARIA BLECH Joh. Heinrich Blech - A. Cath. Kielmann Hôtelier de la Demi-Lune Conseiller	20 févr. 1746			
5. Anna Catharina...............	24 janv. 1765		2 sept. 1790	Johannes Ziegler, à Vienne
6. Elisabeth	9 janv. 1766	Vienne (13 messidor an VI) 1ᵉʳ juill. 1798	30 janv. 1782 12 juin 1785	i. Johannes Dollfus, fabricant ii. Johannes Eck, fabricant
7. Anna Maria...................	26 mai 1767		8 déc. 1784	Philipp Jabob, baron de Fries
8. Joh. Jacob................(54)	30 avril 1769			i. Sophie Karner ii. Comtesse Joséphine Gouby de Quabeck
9. Anna......................	16 sept. 1770	29 nov. 1795	29 juin 1791	Peter Thierry fils
10. Margreth	5 nov. 1772	avant 1824	29 oct. 1792	Matthäus Vetter
11. Joh. Heinrich ....(55)	6 janv. 1777	18 juill. 1842	5 févr. 1798	Rosina Risler

[1] Fabricant, à Mulhouse. Admis, le 21 mai 1758, à la tribu des Tailleurs, et, le 21 janv. 1768, gratuitement, à celle des Vignerons. Garde-clefs à la porte Haute en 1778. Il demeurait dans la rue des Champs-Elysées, au Kettenhof.

	Naissances	Décès	Mariages	Alliés
46 **PETER SCHWARTZ** [1] fils de PETER (**36**) épouse, 8 juillet 1754 ELISABETH HIRSCHFELD Stephan Hirschfeld - Elisabeth Franck	6 oct. 1726 28 déc. 1732	18 prairial an XI 7 juin 1803 11 févr. 1763		
Enfants :				
1. PETER	27 avril 1755	14 nov. 1756		
2. HEINRICH	7 nov. 1756	9 nov. 1759		
3. PETER ....(**56**)	20 mars 1760	3 juin 1827	18 févr. 1788 11 oct. 1795 16 déc. 1800	I. A. BARBARA HIRN II. A. MARIA LINDENMEYER III. ELISABETH BRÜSTLEIN
4. ELISABETH	16 sept. 1762	30 avril 1825	27 nov. 1797	SEBASTIÁN MARTIN, coiffeur-perruquier

[1] Armurier, à Mulhouse. Admis, le 17 août 1754, à la tribu des Maréchaux, et, le 6 mars 1756, à celle des Boulangers. Garde-clefs à la porte de Bâle en 1772 ; sexvir de 1776—1798.

47 **JOHANNES SCHWARTZ** [1] fils de REINHART (**39**) épouse, 24 janvier 1757 REGINA KANTZ Jacob Kantz - Rosina Gutzwiller	Naissances	Décès	Mariages	Alliés
	15 mai 1735	22 oct. 1779		
	6 avril 1732	8 sept. 1792		
Enfants :				
1. Rosina	11 déc. 1757	9 oct. 1828	19 janv. 1789	Peter Sengelin
2. Johannes	6 mars 1759	3 avril 1781	célibataire	
3. Jacob	4 janv. 1761			
4. Catharina	15 juin 1762	3 mars 1817	célibataire	
5. Elisabeth	17 avril 1764	17 juin 1765		
6. Elisabeth	18 mai 1766	19 août 1767		
7. Maria Anna	16 août 1768		11 juin 1793	Joh. Heinrich Dietsch
8. Joh. Heinrich	21 mars 1771	18 mai 1771		
9. Elisabeth	27 oct. 1774	après 1831	30 frimaire an VII 20 déc. 1798	Joh. Jacob Vincenz, cuvetier

[1] Pâtissier, puis imprimeur d'indiennes, à Mulhouse. Admis, le 12 mars 1757, à la tribu des Boulangers.

	Naissances	Décès	Mariages	Alliés
48 **DANIEL SCHWARTZ** [1] fils de REINHART **(39)** épouse, 14 janvier 1767 ROSINA ZINDEL Lorenz Zindel - Rosina Hirn	12 avril 1739	24 déc. 1779		
	10 avril 1740	15 févr. 1793		
Enfants :				
1. Rosina	24 avril 1768	18 août 1824	17 avril 1788	Martin Rott, tailleur
2. Elisabeth	29 oct. 1769	13 sept. 1816	6 juin 1793	Hieronimus Meyer, meunier-boulanger
3. Daniel	16 mai 1771	10 juin 1773		
4. Anna	22 oct. 1772	2 nivose an X 23 déc. 1801	5 janv. 1795 18 avril 1798	i. Hans Heinr. Benner, tisseur de laine ii. Mathias Weiss, tisseur de laine
5. Catharina	2 août 1774	8 déc. 1806	3 nov. 1797 19 pluviose an X 8 févr. 1802	i. Jean-Michel Grumler ii. David Fels, graveur sur bois
6. Lorenz **(57)**	25 juill. 1776	14 juill. 1842	19 brumaire an X 10 nov. 1801 25 juin 1818	i. Elisabeth Sollen- berger ii. Elisabeth Ermen- dinger iii. Anne-Barbe Spaar
7. Daniel	9 sept. 1779	26 avril 1780		

[1] Cordier, à Mulhouse. Admis, le 22 déc. 1767, à la tribu des Boulangers.

	Naissances	Décés	Mariages	Alliés
49 **JOH. BERNHARD SCHWARTZ** [1] fils de HANS GEORG (**40**) épouse, { 13 germinal an VI / 2 avril 1798 } Dunkerque MARIA ANNA WHITE	19 janv. 1766			
	Southsmunster (comté d'Essex)			
Enfants :				
Descendance inconnue !				

[1] Négociant, à   . A passé 8 ans dans la maison Dörner & Cⁱᵉ, à Paris, s'est établi, en 1793, à Vitry-le-François. Arrêté le 30 brumaire an II et enfermé aux Bénédictins, rue de l'Observatoire, à Paris, la ville de Mulhouse lui délivre un certificat attestant sa nationalité suisse, le 17 février 1794. En 1798, il résidait à Paris.

	Naissances	Décès	Mariages	Alliés
50 **PAULUS SCHWARTZ** [1] fils de HANS GEORG (**42**) épouse, 24 septembre 1787, Illzach	24 juill. 1764	12 mars 1828		
ANNA BARBARA WEBER Paulus Weber - A. Catharina Vogel	7 févr. 1768 Illzach	25 juin 1825		
Enfants :				
1. Anna Catharina	23 juin 1788	24 mai 1814	célibataire	
2. Anna Barbara	5 avril 1790	25 mars 1823	6 avril 1815	Jean Steinbach, maréchal-ferrant
3. Elisabeth	11 nov. 1791			
4. Paulus	15 juill. 1795	20 juill. 1795		
5. Paul..........................	13 messidor an VII 1er juill. 1799	15 ventôse an VIII		
6. Paul..........................	12 thermidor an X 31 juill. 1802	2 janv. 1820	célibataire	
7. Marie-Catherine..............	6 floréal an XIII 26 avril 1805	15 sept. 1807		
8. Jean Jacques	9 juin 1809	6 juill. 1809		

[1] Agriculteur, puis fabricant, à Mulhouse. Admis, le 23 nov. 1787, à la tribu des Tailleurs, et, le 2 mars 1788, à celle des Agriculteurs.

	Naissances	Décès	Mariages	Alliés
51 **JÉRÔME SCHWARTZ** [1] fils de HANS BERNHARD **(44)** épouse, 1es noces, 31 juillet 1797	25 déc. 1771	28 déc. 1822		
ELISABETH REBER Jean-Jacques Reber - Elisabeth Hartmann Pasteur	12 févr. 1776	24 thermidor an VI 11 août 1798		
Enfants :				
1. ELISABETH	19 thermidor an VI 6 août 1798	1861	31 oct. 1816	JEAN DANIEL ECK, négociant à Cernay
épouse, 2es noces, { 10 pluviôse an VIII 30 janv. 1800 } JUDITH LANDSMANN Jean-Georges Landsmann - Judith Mantz	19 mai 1776	30 nov. 1865		
2. JUDITH........................	24 mars 1803	28 nov. 1882		HENRI SUCHARD
3. JEAN-BERNARD	Cernay	en bas âge Cernay		

[1] Négociant, puis fabricant d'indiennes, à Mulhouse-Cernay. Admis, le 26 mars 1797, à la tribu des Tailleurs.

<table>
<tr><td></td><td>Naissances</td><td>Décès</td><td>Mariages</td><td>Alliés</td></tr>
<tr><td><h2>52</h2>

<h1>JEAN-BERNHARD SCHWARTZ [1]</h1>

fils de HANS BERNHARD (44)

épouse, { 17 vendémiaire au XIV / 10 octobre 1805 }

HENRIETTE DOLLFUS [2]

Jean-Georges Dollfus - A. Marg^{te} Risler
Fabricant</td><td>22 mai 1784

17 déc. 1787</td><td>11 janv. 1814

12 juin 1823
Badenwiller</td><td></td><td></td></tr>
</table>

Enfants :

	Naissances	Décès	Mariages	Alliés
1. ANNE-MARGUERITE	15 juill. 1808	2 août 1877	13 janv. 1831	GASPARD SCHLUMBERGER négociant
2. JEAN-BERNARD ....(58)	24 avril 1812	12 sept. 1846		ELISABETH ECK
3. ELISABETH	1814			LÉON BIDLINGMEYER

[1] Epouse, en 2es noces, le 18 déc. 1820, Jérémie Risler.

53 **JOH. MICHAEL SCHWARTZ** [1] fils de HANS-MICHAEL (45) épouse, 4 février 1783	Naissances	Décès	Mariages	Alliés
	2 mai 1762	25 juill. 1811		
ELISABETH KOECHLIN Samuel Koechlin - Elisabeth Hofer Fabricant	13 nov. 1766	17 févr. 1812		
Enfants :				
1. ELISABETH	13 mars 1785	7 févr. 1839	18 avril 1808	ALB. BAUMEYER, à Vienne
2. JOH. MICHAEL [2]	23 août 1786	25 juin 1845 Vienne	célibataire	
3. ANNA MARIA	6 nov. 1787	22 avril 1840	4 vendém. au XIV 26 sept. 1805	JEAN-JACQUES LANDERER hôtelier de la Demi-Lune
4. FRIEDERICKA	13 janv. 1792	26 mai 1821	15 nov. 1813	JEAN-ULRIC FEER, coloriste à Mulhouse, puis à Zurich
5. CARL (59)	19 févr. 1793	1er avril 1847	28 avril 1836	HENRIETTE KOECHLIN
6. JACQUES	1er fructidor an VIII 19 août 1800	15 ventôse an XI 6 mars 1803		

[1] Teinturier, puis fabricant d'indiennes, à Mulhouse. Admis, le 29 janv. 1784, à la tribu des Tailleurs ; le 2 avril 1786, à celle des Agriculteurs, et, le 12 juill. 1788, gratuitement, à celle des Maréchaux. Garde-clefs à la porte Haute, en 1796.

Il demeurait rue des Champs-Elysées.

	Naissances	Décès	Mariages	Alliés
54 **JOH. JACOB SCHWARTZ** [1] fils de HANS MICHAEL (**45**) épouse, 1es noces, **SOPHIE KARNER**	30 avril 1769	Vienne		
Enfants :				
1. Barbe............................				Alphonse de Grace, baron Sanvo, comte Osulivan [1]
2. Gustave.................(**60**)				Anna Bach
épouse, 2es noces, **COMTESSE** **JOSÉPHINE GOUBY DE QUABECK**				

[1] , à Vienne. [1] Ambassadeur belge.

55 **JEAN-HENRI SCHWARTZ** [1] fils de **HANS MICHAEL (45)** épouse, 5 février 1798 ROSINE RISLER Jérémie Risler - Rosine Bregentzer	Naissances	Décès	Mariages	Alliés
	6 janv. 1777	18 juill. 1842		
	28 juill. 1777	27 avril 1856		
Enfants :				
1. Edouard ....(61)	13 frimaire an VII 3 déc. 1798	2 juill. 1861	3 mai 1826	Eugénie Schlumberger
2. Albert....................(62)	9 nivôse an IX 30 déc. 1800	7 févr. 1861 Dresde	182.	Wilhelmine Pfaff
3. Léonard ....(63)	7 germinal an X 28 mars 1802	2 nov. 1885	5 sept. 1833	Judith Thierry-Mieg
4. Henri....................(64)	5 août 1810 Cernay	6 nov. 1891	2 avril 1842	Marie-Aimée Koechlin
5. Gustave-Adolphe ....(65)	22 août 1815 Cernay	18 juin 1867	19 nov. 1840	Laure Grosheintz

[1] Fabricant d'indiennes, à Mulhouse et Cernay.

	Naissances	Décès	Mariages	Alliés
56 **PIERRE SCHWARTZ** [1] fils de PETER (**46**) épouse, 1ᵉˢ noces, 18 février 1788	20 mars 1760	3 janv. 1827		
ANNE-BARBE HIRN [2] Jean-Michel Hirn - Catherine Siegfried	14 mai 1769	au-dehors		
Enfants :				
1. Rosine	7 mars 1789	16 mars 1791		
2. Pierre ....(**66**)	25 févr. 1790	28 juill. 1834	5 sept. 1816	Marguerite Heilmann
épouse, 2ᵉˢ noces, 11 oct. 1795, Bâle **ANNE-MARGUERITE LINDENMEYER** —	Bâle	avant 1800		
épouse, 3ᵉˢ noces, 11 frimaire an IX 16 décembre 1800 **ELISABETH BRUSTLEIN** Jean-Jacques Brustlein - Tonnelier Anne-Marie Gronemund	6 mars 1774	10 nov. 1831		
3. Benjamin	10 thermid. an IX 29 juill. 1801	23 thermidor an IX 11 août 1801		
4. Elisabeth	10 thermid. an IX 29 juill. 1801	23 thermidor an IX 11 août 1801		

[1] Chirurgien, à Mulhouse. Admis, le 14 févr. 1796, gratuitement, à la tribu des Vignerons.

[2] Divorce et se remarie, vers 1795, avec un sieur Dölker, à Daukmarshausen, près d'Eisenach.

57 **LAURENT SCHWARTZ** [1] fils de DANIEL (**48**) épouse, 1es noces, { 19 brumaire an X / 10 novembre 1801	Naissances	Décès	Mariages	Alliés
LAURENT SCHWARTZ [1]	25 juill. 1776	14 juill. 1842		
ELISABETH SOLLENBERGER	5 mars 1769	11 avril 1814		
Jean Ulric S. - Elisabeth Ermendinger				
Enfants :				
1. ELISABETH	27 pluviôse an XI 6 févr. 1803			
2. DANIEL (**67**)	23 pluviôse an XII 13 févr. 1804	10 sept. 1858	17 févr. 1840	MARIE-ANNE DILGER
3. LAURENT (**68**)	1er nivôse an XIV 22 déc. 1805		2 oct. 1834 22 avril 1841 8 avril 1847	I. JULIE LAEDERICH II. CAROLINE GUTH III. ADÈLE DOLLFUS
4. ROSINE	31 juill. 1807			
5. FERDINAND	30 janv. 1809			
6. CATHERINE	28 juill. 1811			
épouse, 2es noces,				
ELISABETH ERMENDINGER		avant 1818		
—				
épouse, 3es noces, 25 juin 1818				
ANNE-BARBE SPAAR	17 févr. 1778			
Jean Henri Spaar - Catharine Steinbach				

[1] Cordier, à Mulhouse.

58 **JEAN-BERNARD SCHWARTZ** [1] fils de JEAN-BERNARD (**52**) épouse, ELISABETH ECK Jean Daniel Eck - Elise Schwartz (**51**) **Enfants** : 1. Bernard .... 2. Edouard .... 3. Alfred........................ , à Cernay.	Naissances	Décès	Mariages	Alliés
	24 avril 1842	12 sept. 1846		
		Cernay	célibataire	
		Cernay	célibataire	
		Pau	célibataire	

<table>
<tr><td rowspan="2">59

CHARLES SCHWARTZ [1]
fils de JEAN-MICHEL (53)

épouse, 28 avril 1836

HENRIETTE KOECHLIN
Jean-Henri Koechlin -
Rosine Huguenin</td><td>Naissances</td><td>Décès</td><td>Mariages</td><td>Alliés</td></tr>
<tr><td>19 févr. 1793

10 août 1797</td><td>1er avril 1847

20 sept. 1862</td><td></td><td></td></tr>
</table>

Enfants :

	Naissances	Décès	Mariages	Alliés
1. CHARLES . . . . (69)	11 sept. 1837	11 mai 1922	28 mai 1867	THÉRÈSE HOFER

[1] Négociant, à Mulhouse.

	Naissances	Décès	Mariages	Alliés
60 **GUSTAVE SCHWARTZ** [1] fils de JEAN-JACQUES (54) épouse, ANNA BACH **Enfants :** 1. MARIE 2. ALFRED				

[1] , à Vienne. Autre descendance inconnue.

61 **EDOUARD SCHWARTZ** [1] fils de JEAN-HENRI **(55)** épouse, 31 mai 1826 **EUGÉNIE SCHLUMBERGER** Jacques Schlumberger - Climène Hofer	Naissances	Décès	Mariages	Alliés
	13 frimaire an VII 3 déc. 1798	2 juill. 1861		
	14 mai 1808 Montpellier	3 janv. 1892		
Enfants :				
1. Edouard ....(70)	5 août 1828	3 juill. 1892	4 déc. 1852	Amélie-Eugénie Schlumberger
2. Elmire-Amélie.............(71)	27 nov. 1830	21 févr. 1914	1er oct. 1849	Louis Huguenin[2]

[1] Manufacturier, à Mulhouse.

[2] Veuf d'Amélie Eck, de Cernay.

	Naissances	Décés	Mariages	Alliés
62 **ALBERT SCHWARTZ** [1] fils de JEAN-HENRI (**55**) épouse, 182., Dresde WILHELMINE PFAFF —	9 nivôse an IX 30 déc. 1800	7 févr. 1861 Dresde,		
		1880 Dresde		
Enfants :				
1. Marie............................	1828	juin 1892		Henri Hems, à Dresde
2. Albert.........................	1831	1880	célibataire	

, à Dresde.

63

	Naissances	Décès	Mariages	Alliés
LÉONARD SCHWARTZ [1] fils de JEAN-HENRI (55) épouse, 5 sept. 1833	28 mars 1802	2 nov. 1885		
JUDITH THIERRY-MIEG [2] Jean Ulric Thierry-Mieg - Manufacturier A. Catherine Mieg	17 sept. 1811	3 mai 1873		
Enfants :				
1. Camille	20 juin 1834	6 sept. 1835		
2. Laure	25 août 1836	7 juill. 1852 Pfäffers-Ragatz		
3. Emma (72)	25 mars 1838	29 mai 1911 Paris	7 avril 1856	Alfred Koechlin
4. Oscar-Mathieu (73)	7 nov. 1847	2 mars 1915 Bâle	3 avril 1875	Eugénie Koechlin

[1] Chimiste, à Mulhouse.
[2] Veuve de Mathieu Hofer.

	Naissances	Décès	Mariages	Alliés
64 **HENRI SCHWARTZ** [1] fils de JEAN-HENRI (**55**) épouse, 2 avril 1842 **MARIE-AIMÉE KOECHLIN** Daniel Koechlin - Marie-Anne Ziegler	5 août 1810 Cernay 24 févr. 1822	6 nov. 1891 15 avril 1896		
Enfants :				
1. ERNEST	9 avril 1843	9 juill. 1860		
2. FANNY (**74**)	8 mars 1844	23 juin. 1920	8 févr. 1864	GUSTAVE FAVRE
3. HENRY (**75**)	16 avril 1845	7 oct. 1895	16 déc. 1875	LOUISE-EMILIE CHAMBAUD
4. PAUL	20 août 1854	20 mars 1857		

[1] Filateur de laine, à Mulhouse.

	Naissances	Décès	Mariages	Alliés
65 **GUSTAVE-ADOLPHE SCHWARTZ** [1] fils de JEAN-HENRI (55) épouse, 19 nov. 1840	22 août 1815 Cernay	18 juin 1867		
LAURE GROSHEINTZ Jacques Grosheintz - Elisabeth Hartmann	13 avril 1820	22 déc. 1890		
Enfants :				
1. MARIE ....(76)	30 avril 1841	24 nov. 1911	2 déc. 1861	CARLOS KOECHLIN, manufacturier
2. GUSTAVE-ADOLPHE ....(77)	9 avril 1843	22 nov. 1879	20 févr. 1875	MARGUERITE SCHLUM- BERGER
3. HÉLÈNE-LAURE ....(78)	22 nov. 1845	22 janv. 1890	27 juin 1864	EDOUARD DOLLFUS, manufacturier
4. JULES ....(79)	19 janv. 1848		26 juill. 1881	MARGUERITE SCHLUM- BERGER

	Naissances	Décès	Mariages	Alliés
66 **PIERRE SCHWARTZ** [1] fils de PIERRE (**56**) épouse, 5 sept. 1816 **MARGUERITE HEILMANN** Jean-Henry Heilmann - Judith Abt	25 févr. 1790 14 janv. 1797	28 juill. 1834		
Enfants :				
1. JULIE	9 sept. 1817		28 févr. 1839	JOSEPH SCHWEIGHOFER architecte
2. PIERRE	16 nov. 1820	4 sept. 1825		
3. HENRY-ALBERT	17 juin 1822			

[1] Négociant, à Mulhouse, rue des Boulangers.

	Naissances	Décès	Mariages	Alliés
67 **DANIEL SCHWARTZ** [1] fils de LAURENT **(57)** épouse, 17 févr. 1840 MARIE-ANNE DILGER —	23 pluviôse an XII 13 févr. 1804	10 sept. 1858		
	10 mai 1819 Steinbrunn-le-Bas			
Enfants :				
1. Julie..........................	18 sept. 1841			
2. Daniel.......................	27 févr. 1843			

[1] Cordier, à Mulhouse, rue de l'Arsenal.

	Naissances	Décès	Mariages	Alliés
68 **LAURENT SCHWARTZ** [1] fils de LAURENT (**57**) épouse, 1es noces, 2 oct. 1834	(1er nivôse an XIV 22 déc. 1805			
JULIE LAEDERICH Jean Laederich - Madeleine Steiner	1er sept. 1809	3 juill. 1840		
Enfants :				
1. Julie-Adèle	5 juill. 1835			
2. Emilie	30 juin 1840	3 juill. 1840		
épouse, 2es noces, 22 avril 1841				
CAROLINE GUTH Michel Guth - A.-Cath. Sollenberger Drapier	27 févr. 1812	19 mars 1846		
3. Emilie.........................	16 avril 1842			
épouse, 3es noces, 8 avril 1847				
MARG^{te}-ANNE-ADÈLE DOLLFUS Martin Dollfus - Marguerite Thierry Tanneur, puis facteur	27 janv. 1816 Pfastatt	17 juin 1895		

[1] Potier de terre, rue de l'Arsenal, à Mulhouse.

	Naissances	Décès	Mariages	Alliés
69 **CHARLES SCHWARTZ** [1] fils de CHARLES (**59**) épouse, 28 mai 1867 THÉRÈSE HOFER Charles Hofer - Marie-Cécile Dollfus	11 sept. 1837 8 févr. 1846	11 mai 1922		
Sans Enfants :				

[1] Rentier, à Mulhouse, rue Lamartine.

	Naissances	Décès	Mariages	Alliés
70 **EDOUARD SCHWARTZ** [1] fils de EDOUARD (**61**) épouse, 4 décembre 1853 **AMÉLIE-EUGÉNIE SCHLUMBERGER** Jules-Albert S. — Emilie Gerwick				
	5 août 1828	3 juill. 1892		
	22 févr. 1835	31 mai 1924		
Enfants :				
1. Louis ....(**80**)	11 juin 1857	1er avril 1917	11 juill. 1885 Bischwiller	Lucy Lambling
2. Ida	3 oct. 1864			
3. Valentine	22 oct. 1866	3 janv. 1872		

1) Manufacturier, à Mulhouse.

	Naissances	Décès	Mariages	Alliés
71 **ELMIRE-AMÉLIE SCHWARTZ** fille de EDOUARD (**61**) épouse, 1er octobre 1849 LOUIS HUGUENIN [1]	27 nov. 1830 7 avril 1812 Besançon	21 févr. 1914 22 nov. 1889 Mulhouse		

Sans enfants.

[1] A Mulhouse. Veuf d'Amélie Eck, de Cernay, dont il eut trois enfants : 1. Louis, né 1841, † 1842; 2. Laure, née 1843, qui épousa, en 1862, le docteur Eugène Koechlin ; 3. Edouard, né 1845, † 1899, marié, en 1870, à Isabelle Koechlin.

72

EMMA SCHWARTZ [1]

fille de LÉONARD (**63**)

épouse, 7 avril 1856

ALFRED KOECHLIN [2]

Jean Koechlin - Marie-M.-E. Dollfus

	Naissances	Décès	Mariages	Alliés
EMMA SCHWARTZ	25 mars 1838	29 mai 1911 Paris		
ALFRED KOECHLIN	15 sept. 1829	5 févr. 1895		

Enfants :

	Naissances	Décès	Mariages	Alliés
1. Florence Koechlin ....(**81**)	20 janv. 1857	13 janv. 1896	13 févr. 1880	Charles Mezzara
2. Raymond Koechlin..........(**82**)	6 juill. 1860		22 déc. 1888	Hélène Bouwens van der Boijen
3. Jean-Léonard Koechlin .....(**83**)	26 janv. 1870		7 avril 1894	Marguerite Villard

[1] Présidente fondatrice de l'Union des Femmes de France (Croix Rouge Française), chevalier de la Légion d'Honneur.

[2] Manufacturier, maison Koechlin-Schwartz et Cᵢₑ, filature de laine, à Mulhouse. Commandant des sapeurs-pompiers de Mulhouse jusqu'en 1872, membre de la Commission municipale 1870-71, Conseiller général et député du Nord, maire du VIIIᵉ arrondissement de Paris. Commandeur de la Légion d'Honneur.

73	Naissances	Décès	Mariages	Alliés
OSCAR-MATHIEU SCHWARTZ [1] fils de LÉONARD *(63)* épouse, 3 avril 1875 EUGÉNIE KOECHLIN <u>Josué-Emile Koechlin</u> - Wynanda Nicola Minotier à La Haye	7 nov. 1847 15 avril 1857 Haayzigt (Hollande)	2 mars 1915 Bâle		
Enfants :				
1. MARTHE-WYNANDA...............	19 janv. 1876 Mulhouse	18 sept. 1897 Munster a/Stein	célibataire	
2. JEANNE ....(84)	5 juill. 1877 Bâle		29 août 1901 Bâle	ALFRED LUTZ, exportateur
3. MADELEINE.................(85)	22 nov. 1881 Bâle		20 mai 1903 Bâle	RÉNÉ FAVRE, manufacturier de Loerrach
4. LÉONARD ....(86)	21 mai 1885 Bâle		4 mai 1918 Neuchâtel	IRÈNE DE PERROT

[1] Manufacturier, à Mulhouse, ensuite à Bâle.

	Naissances	Décès	Mariages	Alliés
74 **FANNY SCHWARTZ** [1] fille de HENRI (**64**) épouse, 8 février 1864 **GUSTAVE FAVRE** [1] Camille-H.-N. Favre - Adèle Blech Négociant	8 mars 1844 Mulhouse 20 févr. 1838	23 juin 1920 25 mars 1918		
Enfants :				
1. Robert Favre	24 nov. 1864	21 nov. 1893	célibataire	
2. Alice Favre ....(**87**)	14 mai 1866	30 mars 1891	14 mai 1888	Edmond Risler
3. Catherine Favre ....(**88**)	13 sept. 1868		25 sept. 1890	Marc Reber
4. Jeanne Favre ....(**89**)	3 oct. 1869		27 nov. 1894	Alfred Antuszewicz
5. Camille Favre ....(**90**)	28 août 1874	18 févr. 1916	22 mars 1905	Laure Mieg

[1] Président du Comptoir d'Escompte de Mulhouse. Chevalier de la Légion d'Honneur.

	Naissances	Décès	Mariages	Alliés
75 **HENRY SCHWARTZ** [1] fils de HENRI (**64**) épouse, 16 décembre 1875 **LOUISE-EMILIE CHAMBAUD** [2] Jouanin Chambaud - J.-Eugénie Treuttel	16 avril 1845	7 oct. 1895		
	15 avril 1855	27 févr. 1917		
Enfants :				
1. ANDRÉ............................	16 mai 1877	24 nov. 1900	célibataire	
2. SIMONE....................(**91**)	13 juin 1879		23 mai 1900	COMTE ANGILBERT DE DOUVILLE-MAILLEFEU
3. ODETTE........................	3 mars 1890			

[1] Filateur de laine, à Mulhouse. Mourut assassiné par un ouvrier anarchiste.

[2] Épousa, en 2es noces, Baron Ludovic de Contenson.

	Naissances	Décès	Mariages	Alliés
76 **MARIE SCHWARTZ** fille de GUSTAVE-ADOLPHE (65) épouse, 2 décembre 1861, à Mulhouse	30 avril 1841 Mulhouse	24 nov. 1911 Paris		
EMILE-CARLOS KOECHLIN [1] Daniel K. - Catherine-Emilie Schouch	24 déc. 1827	11 oct. 1870 Mulhouse		
Enfants :				
1. Suzanne-Laure Koechlin . . . .(92)	15 sept. 1862		27 sept. 1883	Paul Loew
2. Gustave-Daniel Koechlin . . .(93)	8 juin. 1865	27 août 1918	10 sept. 1913	Henriette d'Andiran

[1] Chimiste et manufacturier, maison Frères Koechlin, à Mulhouse.

77 **GUSTAVE-ADOLPHE SCHWARTZ** [1] fils de <u>GUSTAVE-ADOLPHE</u> **(65)** épouse, 20 février 1875 **MARGUERITE-MARIE-MAD. SCHLUMBERGER** [2] Jules-Albert S. - Marguerite Heilmann Manufacturier	Naissances	Décès	Mariages	Alliés
	9 avril 1843	22 nov. 1879		
	12 août 1855			
Enfants :				
1. Gustave [3]	8 nov. 1876	23 juin 1915	célibataire	

[1]) Manufacturier, à Remiremont. Chevalier de la Légion d'Honneur.
[2]) Epousa, en 2es noces, son beau-frère Jules Schwartz (79).
[3]) Sous-lieutenant au 43e Territorial. Chevalier de la Légion d'Honneur.
Mort pour la France.

	Naissances	Décès	Mariages	Alliés
78 **HÉLÈNE-LAURE SCHWARTZ** fille de <u>GUSTAVE-ADOLPHE</u> **(65)** épouse, 27 juin 1864	22 nov. 1845	22 janv. 1890		
<u>EDOUARD-HIPPOLYTE DOLLFUS</u>[1] Daniel Dollfus — Caroline Ausset Manufacturier	17 oct. 1839	1er déc. 1917		
Enfants :				
1. EDOUARD-<u>GEORGES</u> DOLLFUS	28 mars 1865			
2. MAD.-LAURE-HÉLÈNE DOLLFUS **(94)**	21 avril 1868		9 juill. 1887	ARTHUR FAVRE
3. ROGER DOLLFUS . . . . **(95)**	18 févr. 1883		20 sept. 1910	MARTHE JAQUET

[1] Manufacturier, à Mulhouse, un des collaborateurs de la maison Dollfus-Mieg et Cie.

<table>
<tr><td rowspan="4">

79

JULES SCHWARTZ [1]

fils de GUSTAVE-ADOLPHE (65)

épouse,

MARGUERITE-MARIE-MAD. SCHLUMBERGER [2]

Jules-Albert S. - Marguerite Heilmann
Manufacturier

Sans enfants.

</td><td>Naissances</td><td>Décès</td><td>Mariages</td><td>Alliés</td></tr>
<tr><td>19 janv. 1848</td><td></td><td></td><td></td></tr>
<tr><td>12 août 1855</td><td></td><td></td><td></td></tr>
</table>

[1] Manufacturier, à Remiremont, puis à Mulhouse.
[2] Veuve de Gustave-Adolphe Schwartz (77).

	Naissances	Décès	Mariages	Alliés
80 **LOUIS SCHWARTZ** [1] fils de EDOUARD (**70**) épouse, 18 juillet 1885, Bischwiller **LUCY LAMBLING** Frédéric Lambling - Marie-Louise Goetz Fabricant de draps	11 juin 1857	1er avril 1917		
	28 mai 1858 Bischwiller	23 févr. 1918		
Enfants :				
1. ALFRED .... (**96**)	4 mai 1886		4 mai 1912	SUZANNE WACKER
2. LOUIS-RAYMOND [2]	20 janv. 1889	20 sept. 1914 Antrêches		
3. PAUL-EMILE	10 mai 1892			

[1] Manufacturier, à Mulhouse.
[2] Tué à l'ennemi.

	Naissances	Décès	Mariages	Alliés
81 **FLORENCE KOECHLIN** fille de ALFRED KOECHLIN (**72**) épouse, 18 février 1880, à Paris CHARLES MEZZARA [1] —	20 janv. 1857 Mulhouse 15 oct. 1857 Paris	13 janv. 1896 Paris		

Enfants :

	Naissances	Décès	Mariages	Alliés
1. ALEXANDRE-ALFRED MEZZARA ..(**97**)	15 déc. 1880	26 mars 1916	17 oct. 1911	ANNE LE GUÉNÉDAL
2. INÈS-MARTHE-MARIE M.......(**98**)	4 mai 1882		29 mars 1913	NARCISSE LAVENANT
3. ANTONY-JACQUES MEZZARA	7 juin 1884	10 févr. 1900		
4. MARTHE-IDA (MIREILLE) M.....(**99**)	20 oct. 1889		6 août 1910	MICHEL DUFET

[1] Artiste-peintre, à Paris.

	Naissances	Décès	Mariages	Alliés
82 **RAYMOND KOECHLIN**[1] fils de ALFRED (**72**) épouse, 22 décembre 1888, à Paris **HÉLÈNE BOUWENS VAN DER BOIJEN** William Bouwens v. der Boijen - Flora Schott	6 juill. 1860 Mulhouse 15 mai 1863 Paris	 15 juin 1895 Paris		
Sans enfants :				

[1] Rédacteur au *Journal des Débats*. Président de la Société des Amis du Louvre ; vice-président de l'Union centrale des Arts Décoratifs. Vice-président du Conseil des Musées.

	Naissances	Décès	Mariages	Alliés
83 **JEAN-LÉONARD KOECHLIN-SCHWARTZ**[1] fils de ALFRED (**72**) épouse, 7 avril 1894, à Paris	26 janv. 1870 Mulhouse			
MARGUERITE-NINA VILLARD Théodore Villard - Abeille Bixio	3 avril 1872 Florence (Italie)			
Enfants :				
1. PHILIPPE-JEAN-LÉONARD KOECHLIN[2]	27 janv. 1895			
2. ANTOINETTE-ADÈLE KOECHLIN (**100**)	27 août 1898		12 juill. 1921	EDOUARD DURAND-DASSIER

[1] Colonel d'Artillerie Breveté, Officier de la Légion d'Honneur.
[2] Officier de cavalerie ; pilote aviateur.

	Naissances	Décès	Mariages	Alliés
84 **JEANNE SCHWARTZ** [1] fils de <u>OSCAR-MATH.</u> (**73**) épouse, 29 août 1901, à Bâle ALFRED LUTZ [1] Charles Lutz - Louise Sutter	5 juill. 1877			
	23 juin 1873 Manille			
Enfants :	à Zurich			
1. Antoinette Lutz	7 déc. 1902	5 juin 1921 Locarno		
2. Charles-Oscar Lutz	3 juill. 1904	9 janv. 1905 Zurich		
3. Alfred Léonard Lutz...........	18 oct. 1906			
4. Robert-Harry Lutz	24 mai 1908			
5. Charlotte-Louise Lutz..........	16 août 1909			
6. Hans-Oscar Lutz	9 août 1917			

[1] Négociant, à Zurich.

85

MADELEINE SCHWARTZ

fille de OSCAR-MATH. (73)

épouse, 20 mai 1903, à Bâle

RENÉ FAVRE

Eugène Favre - Claire Mieg
Manufacturier

Enfants :

	Naissances	Décès	Mariages	Alliés
MADELEINE SCHWARTZ	22 nov. 1881 Bâle			
RENÉ FAVRE	27 sept. 1874 Loerrach	23 févr. 1919 Neuilly s. Seine		
	à Loerrach			
1. GEORGETTE-RENÉE-MARTHE FAVRE .	18 mars 1905			
2. SUZANNE-MADELEINE-JEANNE FAVRE	3 nov. 1907			
3. MARIE-FRANÇOISE-SYLVIE FAVRE...	5 oct. 1911			

¹ Industriel, maison Koechlin-Baumgartner et Cⁱᵉ, à Loerrach.

	Naissances	Décès	Mariages	Alliés
86 **LÉONARD SCHWARTZ** [1] fils de OSCAR-MATH. (73) épouse, 4 mai 1918, Neuchâtel IRÈNE DE PERROT Fréd. de Perrot - Jeanne du Pasquier	21 mai 1885 Bâle 15 août 1893			
Enfants :				
1. Rose-Marie-Jeanne	5 nov. 1920			
2. Pierre-Gérard	4 juin 1923			

[1] Docteur en médecine, à Bâle.

	Naissances	Décès	Mariages	Alliés
87 **ALICE FAVRE** fille de FANNY SCHWARTZ (74) épouse, 14 mai 1888, à Mulhouse **EDMOND-EUGÈNE RISLER** [1]	11 mai 1866 Mulhouse 4 févr. 1859 Calèves	30 mars 1891 Loerrach		
Enfants :				
1. MARCEL RISLER [2]	14 mai 1889 Loerrach	25 nov. 1915		
2. JACQUES RISLER [3] .... (**101**)	26 juin 1890 Loerrach		9 avril 1921	GISÈLE FUSS-AMORÉ
jumeaux 3. GUSTAVE RISLER [4] .... (**102**)			18 juin 1920	GERMAINE ZIEGLER

[1] Ingénieur, maison Koechlin, Baumgartner et Cie, impressions, à Loerrach.
[2] Établissements Schwartz et Cie, à Mulhouse.
[3] Artiste peintre.
[4] Ingénieur, à Belfort.

88 **CATHERINE FAVRE** fille de FANNY SCHWARTZ épouse, 25 septembre 1890 **MARC REBER** [1] Jules Reber - Anna Frey	Naissances	Décès	Mariages	Alliés
	13 sept. 1868			
	25 sept. 1861 Guebwiller	25 août 1915		
Enfants :				
1. ALICE-MARGUERITE REBER ...(103)	17 mars 1893		12 déc. 1912	PIERRE CHAMBAUD
2. NADINE-SUZANNE REBER .....(104)	17 juin 1896		4 mars 1922	GUSTAVE-PAUL WEISS
3. VIOLETTE-CATHERINE REBER ..(105)	17 oct. 1900		5 juin 1920	COMTE GÉRARD DU VIVIER de Fay Soligline

[1] Agent de cotons et de filés, à Mulhouse.

89 **JEANNE FAVRE** fille de FANNY SCHWARTZ (**74**) épouse, 27 novembre 1894 ALFRED ANTUSZEWICZ [1]	Naissances	Décès	Mariages	Alliés
	3 oct. 1869 Mulhouse			
	15 avril 1866 Mulhouse			
Enfants :				
1. MARIE-JEANNE ANTUSZEWICZ .(**106**)	20 oct. 1895		29 sept. 1920	JULES PINOT
2. PIERRE-ALEXANDRE ANTUSZEWICZ [2].	18 sept. 1897	18 juill. 1918		
3. MARGUERITE ANTUSZEWICZ ...(**107**)	14 août 1899		29 sept. 1920	DANIEL JUILLARD
4. ALEXANDRE-LOUIS ANTUSZEWICZ ...	19 janv. 1902			
5. GEORGES ANTUSZEWICZ	23 nov. 1903			

[1] Industriel, à Remiremont (Vosges).
[2] Tué à l'ennemi.

	Naissances	Décès	Mariages	Alliés
90 **CAMILLE FAVRE** [*] fils de FANNY SCHWARTZ (**74**) épouse, 22 mars 1905, à Epinal LAURE MIEG Paul Mieg - Alice Lavigne	28 août 1874 Mulhouse 21 févr. 1883 Epinal	18 févr. 1916		
Enfants :	*Loerrach*			
1. Elisabeth Favre	9 janv. 1906			
2. Robert Favre	12 mars 1909			

[*] Chimiste, maison Koechlin, Baumgartner et Cie, à Loerrach.

	Naissances	Décès	Mariages	Alliés
91 **SIMONE SCHWARTZ** fille de HENRY (**75**) épouse, 23 mai 1900, Mulhouse **COMTE ANGILBERT DE DOUVILLE-MAILLEFEU** [1] —	13 juin 1879 Mulhouse 10 mars 1868 Beaucourt (Ht-Rhin)			
Enfants :				
1. GILBERTE DE DOUVILLE-MAILLEFEU,	20 févr. 1901 Paris			
2. GUY DE DOUVILLE-MAILLEFEU	22 août 1904 Hachenneville (Somme)			
3. MARIE-FRANÇOISE DE DOUVILLE- MAILLEFEU	22 oct. 1908 Paris			

[1] Lieutenant de vaisseau ; démissionnaire. Chevalier de la Légion d'Honneur.

	Naissances	Décès	Mariages	Alliés
92 **SUZANNE-LAURE KOECHLIN** fille de MARIE SCHWARTZ (**76**) épouse, 27 septembre 1883, Mulhouse **PAUL LOEW** [1] —	15 sept. 1862 Dornach 4 août 1855 Strasbourg			
Enfants :				
1. Louis-Carlos Loew . . . . (**108**)	4 nov. 1884 Mulhouse		31 juill. 1914 Troyes	Marie-Madeleine Lanoue

[1] Industriel, à Troyes.

	Naissances	Décès	Mariages	Alliés
93 **GUSTAVE-DANIEL KOECHLIN** [1] fils de MARIE SCHWARTZ (76) épouse, 10 sept. 1913, à Morges (Suisse) HENRIETTE D'ANDIRAN [2]	8 juin 1865 Mulhouse 4 oct. 1872 Bordeaux	27 août 1918		
Sans enfants.				

[1] Rentier, à Paris.
[2] Veuve, en 1es noces, de H. Glasser.

<table>
<thead>
<tr><th></th><th>Naissances</th><th>Décès</th><th>Mariages</th><th>Alliés</th></tr>
</thead>
<tbody>
<tr><td>**94**

MADE^{LEINE}-LAURE-HÉLÈNE DOLLFUS
fille de HÉLÈNE-LAURE SCHWARTZ (**78**)
épouse, 9 juillet 1887
ARTHUR FAVRE [1]
Camille-H.-U. Favre – Adéle-Marie Blech
Négociant</td><td>21 avril 1868
Mulhouse

17 mars 1850
Mulhouse</td><td>

10 août 1902
Badenwiller</td><td></td><td></td></tr>
<tr><td>**Enfants :**</td><td></td><td></td><td></td><td></td></tr>
<tr><td>1. Hélène-Laure-Paulette Favre (**109**)</td><td>8 mars 1890</td><td></td><td>2 mai 1911</td><td>Henry Thurneysen</td></tr>
</tbody>
</table>

[1] Négociant, à Mulhouse. Frère du Gustave Favre, Nᵒ .

	Naissances	Décès	Mariages	Alliés
95 **ROGER DOLLFUS** fils de H. LAURE SCHWARTZ (**78**) épouse, le 20 septembre 1910	18 févr. 1883			
MARTHE JAQUET Eugène Jaquet - Marthe Naegely	20 oct. 1891			
Enfants :				
1. Georgette Dollfus..............	20 juill. 1911			
2. Marthe-Yvonne Dollfus	12 oct. 1917			

	Naissances	Décès	Mariages	Alliés
96 **ALFRED SCHWARTZ**[1] fils de LOUIS (**80**) épouse, 4 mai 1912	4 mai 1886			
SUZANNE WACKER Charles Wacker - Jeanne Rey	16 mars 1885			
Sans Enfants.				

[1] Docteur en médecine, Professeur à l'Université, à Strasbourg.

	Naissances	Décès	Mariages	Alliés
97 **ALEXANDRE-ALFRED MEZZARA**[1] fils de FLORENCE KOECHLIN (**81**) épouse, 17 octobre 1911, à Paris ANNE LE GUÉNÉDAL —	15 déc. 1880 Paris 29 déc. 1879 Daoulas (Finistère)	26 mars 1916 † 1918		
Sans enfants.				

[1] Ancien élève de l'École nationale des Beaux-Arts; architecte diplômé par le gouvernement, à Paris.

16

<table>
<tr><td></td><td>Naissances</td><td>Décès</td><td>Mariages</td><td>Alliés</td></tr>
<tr><td>

98

INÈS-MARTHE-MARIE-MEZZARA

fille de FLORENCE KOECHLIN **(81)**

épouse, 29 mars 1913, à Paris

NARCISSE LAVENANT[1]

—

</td><td>4 mai 1882
Zalt-Bommel
(Hollande)

3 nov. 1877
Landouzy-la-Ville
(Aisne)</td><td></td><td></td><td></td></tr>
<tr><td>

Enfants :

1. ANTONY-JACQUES-CHARLES
      RODOLPHE LAVENANT</td><td>17 mai 1914</td><td></td><td></td><td></td></tr>
</table>

[1] Compositeur de musique, à Paris.

99

MARTHE-IDA (MIREILLE) MEZZARA

fille de FLORENCE KOECHLIN (81)

épouse, 6 août 1910

MICHEL DUFET [1]

—

Enfants :

1. Odile-Jacqueline Dufet ....

	Naissances	Décès	Mariages	Alliés
Marthe-Ida (Mireille) Mezzara	20 oct. 1889 Paris			
Michel Dufet	8 déc. 1888 Deville-les-Rouen (Seine-Inférieure)			
1. Odile-Jacqueline Dufet	9 oct. 1917 Paris			

[1] Ancien élève de l'Ecole nationale des Beaux-Arts ; architecte, à Paris.

<table>
<tr><td></td><th>Naissances</th><th>Décès</th><th>Mariages</th><th>Alliés</th></tr>
<tr><td> 100
ANTOINETTE-ADÈLE KOECHLIN
fille de JEAN-LÉONARD (83)
épouse, 12 juillet 1921
EDOUARD DURAND-DASSIER[1]
— </td><td>27 août 1898

13 févr. 1892</td><td></td><td></td><td></td></tr>
<tr><td> Enfants : </td><td></td><td></td><td></td><td></td></tr>
<tr><td>Jacques Hubert Philippe ....</td><td>27 août 1924</td><td></td><td></td><td></td></tr>
</table>

[1] Négociant à Paris.

	Naissances	Décès	Mariages	Alliés
101 **JACQUES RISLER** [1] fils de ALICE FAVRE **(87)** épouse, 9 avril 1921, Paris GISÈLE FUSS-AMORÉ —	26 juin 1890			
	27 sept. 1898 Bruxelles			
Enfants :				
1. Eugène-Pierre-Henry Risler.....	4 mars 1922 Paris			

[1] Artiste peintre à Paris.

	Naissances	Décès	Mariages	Alliés
102 **GUSTAVE RISLER**[1] fils de ALICE FAVRE **(87)** épouse, 18 juin 1920, à Couthenans **GERMAINE-MARGUERITE-HÉLÈNE ZIEGLER** Gustave Ziegler - Berthe Noblot	26 juin 1890 16 mars 1900 Belfort			
Enfants : 1. Jean-Marcel Risler . . . . 2. Yves Risler	6 août 1921 Mulhouse 16 déc. 1923 Belfort			

[1] Ingénieur, à Belfort.

<table>
<tr><td rowspan="2">

103

ALICE-MARGUERITE REBER

fille de CATHERINE FAVRE (**88**)

épouse, 12 décembre 1912

PIERRE CHAMBAUD[1]

Georges Chambaud - L. Collard

Enfants :

1. François Chambaud..............
2. Yves Chambaud ....
3. Monique Chambaud ....
4. Michel Chambaud ....

</td><td>**Naissances**</td><td>**Décès**</td><td>**Mariages**</td><td>**Alliés**</td></tr>
<tr><td>

17 mars 1893
Mulhouse

15 sept. 1884
Mulhouse

21 sept. 1914

14 juin 1916

15 mai 1921

15 août 1922
</td><td></td><td></td><td></td></tr>
</table>

[1] Négociant, à Mulhouse. Croix de guerre.

	Naissances	Décès	Mariages	Alliés
104 **NADINE-SUZANNE REBER** fille de CATHERINE FAVRE (**88**) épouse, 4 mars 1922 GUSTAVE PAUL WEISS[1] Gustave Weiss - Emma Heilmann	17 juin 1896 10 mai 1884			
Enfants :				

[1] Aviateur, croix de guerre.
Négociant à Mulhouse.

<table>
<tr><td></td><td>Naissances</td><td>Décès</td><td>Mariages</td><td>Alliés</td></tr>
<tr><td>**105**

VIOLETTE-CATHERINE REBER
fille de **CATHERINE FAVRE (88)**
épouse, le 5 juin 1920
COMTE GÉRARD DU VIVIER [1]
de Fay-Solignac
Gérard-Guillaume-Paul-Philippe</td><td>17 juin 1900

4 nov. 1897</td><td></td><td></td><td></td></tr>
<tr><td>**Enfants :**

1. Bertrand-Hugues-Philippe-Marc du Vivier
2. Gilles Fernand Paul Gérard du Vivier</td><td>

1er mars 1921
30 mai 1924</td><td></td><td></td><td></td></tr>
</table>

[1] Négociant à Bordeaux.

106 **MARIE-JEANNE ANTUSZEWICZ** fille de **JEANNE FAVRE (89)** épouse, le 29 septembre 1920 **JULES PINOT**[1] —	Naissances	Décès	Mariages	Alliés
	20 oct. 1895			
	10 juin 1894			
Enfants :				
1. Nicole-Louise Pinot............	13 août 1921			
2. Denise-Jeanne Pinot............	9 juill. 1923			

[1] Industriel, à Rupt-sur-Moselle (Vosges).

	Naissances	Décès	Mariages	Alliés
107 **MARGUERITE ANTUSZEWICZ** fille de JEANNE FAVRE **(89)** épouse, le 29 septembre 1920 JACQUES DANIEL JUILLARD [1] Henri Juillard - Mathilde Weiss	14 août 1899 29 juill. 1893			
Enfants :				
1. Françoise Yvonne Juillard	11 juin 1921			
2. Jean-Daniel Pierre	17 sept. 1923			

[1] Croix de Guerre.
Industriel.

	Naissances	Décés	Mariages	Alliés
108 **LOUIS CARLOS LOEW**[1] fils de SUZ.-LAURE KOECHLIN **(92)** épouse, 31 juillet 1914 à Troyes (Aube) MARIE MADELEINE LANOUE	4 nov. 1884			
	1886	27 nov. 1919		
Enfants :				
1. Hélène-Marie-Suzanne Loew.....	31 mai 1919 Troyes			

[1] Négociant à Troyes.

109

HÉLÈNE-LAURE-PAULETTE FAVRE

fille de MAD.-LAURE-HÉL. DOLLFUS (94)

épouse, 2 mai 1911

HENRY THURNEYSSEN [1]

—

Enfants :

1. CHRISTIANE THURNEYSSEN . . . .

	Naissances	Décès	Mariages	Alliés
HÉLÈNE-LAURE-PAULETTE FAVRE	8 mars 1890 Mulhouse			
HENRY THURNEYSSEN	23 janv. 1883 Paris			
1. CHRISTIANE THURNEYSSEN	5 août 1912 Paris			

[1] Industriel, à Paris.

	Naissances	Décès	Mariages	Alliés

Naissances	Décès	Mariages	Alliés

	Naissances	Décès	Mariages	Alliés

Naissances	Décès	Mariages	Alliés

	Naissances	Décès	Mariages	Alliés

Naissances	Décès	Mariages	Alliés

	Naissances	Décès	Mariages	Alliés

	Naissances	Décès	Mariages	Alliés

Naissances	Décès	Mariages	Alliés

	Naissances	Décès	Mariages	Alliés

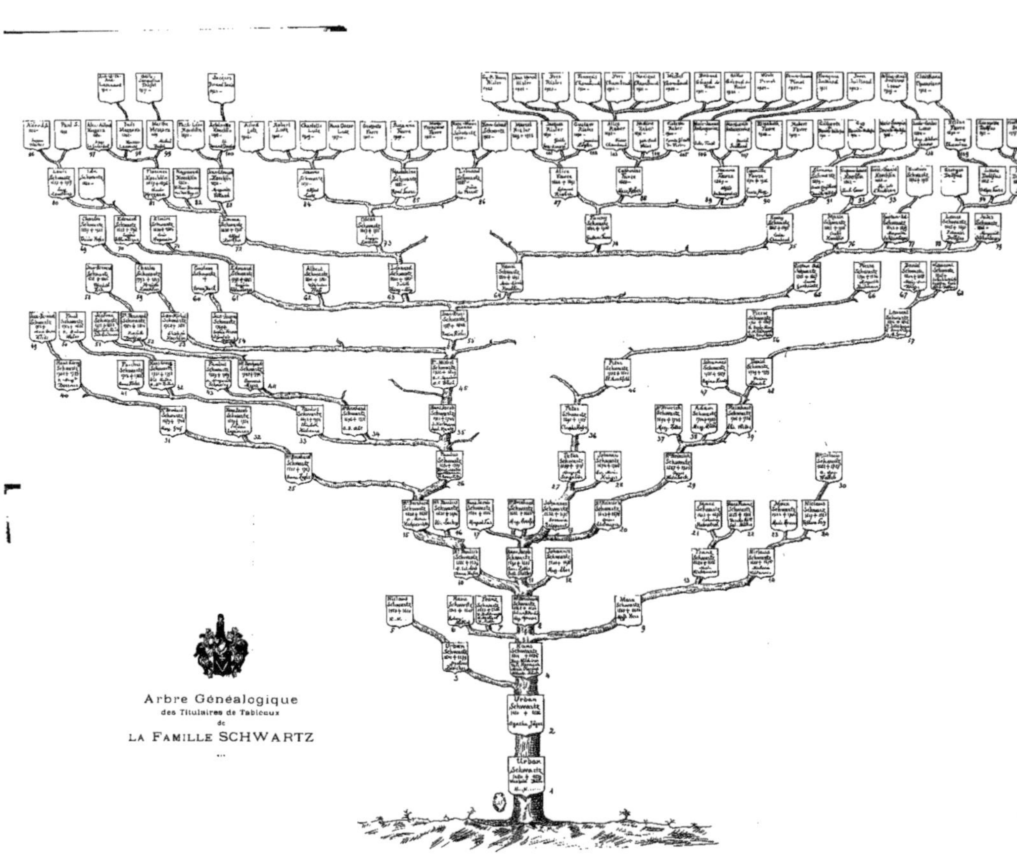

Arbre Généalogique
des Titulaires de Tableaux
de
LA FAMILLE SCHWARTZ

ACHEVÉ D'IMPRIMER

SUR LES PRESSES DE

ERNEST MEININGER, IMPRIMEUR A MULHOUSE

LE 27 JANVIER 1925

www.ingramcontent.com/pod-product-compliance
Ingram Content Group UK Ltd.
Pitfield, Milton Keynes, MK11 3LW, UK
UKHW021256180726
13837UKWH00007B/465